艰辛之旅

如何成为卓越的领导者

[美]赵新进 著　彭相珍 译

THE ODYSSEY OF SELF-DISCOVERY
ON BECOMING A LEADER

中国出版集团
中译出版社

图书在版编目（CIP）数据

艰辛之旅：如何成为卓越的领导者 /（美）赵新进著；彭相珍译 . -- 北京：中译出版社，2023.10
书名原文：The Odyssey of Self-Discovery: On Becoming A Leader
ISBN 978-7-5001-7551-3

Ⅰ . ①艰… Ⅱ . ①赵… ②彭… Ⅲ . ①企业领导学 Ⅳ . ① F272.91

中国国家版本馆 CIP 数据核字（2023）第 174497 号

The Odyssey of Self-Discovery: On Becoming A Leader
Copyright © 2023 by Xinjin Zhao
The simplified Chinese translation copyright © 2023 by China Translation & Publishing House
ALL RIGHTS RESERVED
（著作权合同登记号：图字 01-2023-4099）

艰辛之旅：如何成为卓越的领导者
JIANXIN ZHI LÜ: RUHE CHENGWEI ZHUOYUE DE LINGDAOZHE

著　　者：	［美］赵新进
译　　者：	彭相珍
策划编辑：	于　宇　薛　宇
责任编辑：	于　宇
文字编辑：	薛　宇
营销编辑：	马　萱　钟筏童
出版发行：	中译出版社
地　　址：	北京市西城区新街口外大街 28 号 102 号楼 4 层
电　　话：	（010）68002494（编辑部）
邮　　编：	100088
电子邮箱：	book@ctph.com.cn
网　　址：	http://www.ctph.com.cn
印　　刷：	北京盛通印刷股份有限公司
经　　销：	新华书店
规　　格：	880 mm×1230 mm　1/32
印　　张：	9.625
字　　数：	200 千字
版　　次：	2023 年 10 月第 1 版
印　　次：	2023 年 10 月第 1 次印刷

ISBN 978-7-5001-7551-3　　　定价：79.00 元

版权所有　侵权必究
中译出版社

其他推荐语

这本书是像我这样第一次创业的人在领导力之旅中导航的北极星。

——弗朗西斯科·玛利亚·贝内德蒂（Francesco Maria Benedetti）

Osmoses 联合创始人兼首席执行官

这本书读起来非常愉快，因为它提供了指导和实际课程的抱负和建立的商业领袖。

——马克斯·海因里兹·艾德里安 (Max Heinritz-Adrian)

KBR 欧洲高级总监

我读过的大多数领导力书籍都把作者或他的主题放在了一个神坛上。在新进的书中，你想起了他们的人性和不完美，真是令人耳目一新！

——西尔维·加利尔·霍华德（Sylvie Gallier Howard）

Equitable Cities Consulting 创始人兼首席执行官

从体育、摄影和专业工作，以及在东西方度过了多年的生活中汲取案例，引导读者欣赏领导力的艺术和科学的独特点，更重要的是发现自己。

——赵群

Meizhi Technology 创始合伙人

艰辛之旅：如何成为卓越的领导者

  喜欢可付诸行动的东西，而不仅仅是空谈，这才是真正培养领导者的方式。

——罗丝·霍尔（Rose Hall）

安盛信利（AXA XL）的高级副总裁兼美洲创新主管

中文版序言

当赵新进博士请我为《艰辛之旅：如何成为卓越的领导者》作序时，我深感荣幸又颇为激动。在过去的十多年里，新进和我有很多的交集：我们俩共同见证了跨国大型石油和化学企业在中国这一片沃土上的不懈耕耘和携手共进；我们俩经常在一些大型行业会议中演讲、做报告；我们俩都喜欢在业余时间写点东西并有浪漫的"济世情怀"；我们俩彼此都知道对方在做的事情，而且彼此尊重……

请允许我向亲爱的读者介绍赵新进博士。赵新进博士来自中国北方的一个小村庄，是1978年恢复高考之后的"老大学生"，经历和见证了改革开放四十年中国发生的巨大转折和变化。新进一直从事石油化工领域的技术工作，在全球领先的跨国公司担任多年高管，为石油化工领域技术进步的推动、中外文化技术交流和跨国人才的培养做出了巨大贡献。这本《艰辛之旅：如何成为卓越的领导者》是他关于人生、关于企业、关于工作、关于生活的深度思考和感悟。只要读一读这本书，你就会知道新进是一位值得尊重的人，同时也被他书中阐述的领导力哲学所吸引和启发。

这本书基于详尽平实的案例，以及新进走遍全球约35个国家的跨国公司职业生涯和国际视野，系统阐述了"领导力是什么""真正的领导者该做些什么"这些经典问题，帮助读者明确定位自身领导力的价值和目标，帮助读者实现更好的自我认知，以及如何更加有效地实施领导力、如何做出决定。

这本书不是一部晦涩难懂的领导力著作，相反，这本书给我带来了阅读的乐趣。在每一章中，你都能了解和认识在为"领导力"、为企业愿景目标的达成，以及个人价值的实现而孜孜以求的人们；这其中有成功，有失败，但更多的是新进关于这些成功、失败以及贯穿背后的对"领导力"的思索和发现。

当世界处于百年未有之大变局，在"十倍速"变革的大背景下，无论是国有企业、民营企业还是外资企业，每个组织和个人都面临着前所未有的机遇和挑战。我们深信，中国企业已经到了大批量、高效率培养具有全球意识的优秀人才的关键时刻。这不仅要求企业在领导力人才培养方面要有全新的理念和方法，也要求有领导潜质的年轻人时刻做好准备，主动把握机遇，潜心苦练本领，掌握自己的命运。

相信认真阅读这本书会提升你的生活方式和领导方式，你能从书中受到激励和启迪，你的领导能力也将随着阅读得不断深入而得以提升。

是为序。

庞广廉
中国石油和化学工业联合会
2023年9月

目录

引 言 / 001

第一部分
领导力是什么

第一章　领导力不会从天而降　/ 011

第二章　领导力并非只关乎你自己　/ 027

第三章　探索世界之前先明悟自身　/ 039

第四章　做正确的事,有时是不够的　/ 057

第五章　成功总是千姿百态　/ 069

第二部分
伟大的领导者该做些什么

第六章　清晰的愿景帮助领导者明确重点 / 085

第七章　如何在短期逐利的世界里保持长期眼光 / 097

第八章　行动是把梦想变为现实的唯一方法 / 107

第九章　为何细绳可以缚住大象 / 127

第十章　包容性始于自我接纳 / 141

第十一章　高效沟通始于有效聆听 / 153

第三部分
领导力案例分享

第十二章　你成了一名领导者，然后呢 / 169

第十三章　职业变动将是带来影响力的契机 / 183

第十四章　变革通常始于毫末 / 197

第十五章　不必死磕"僧多粥少"的升职加薪 / 211

第十六章　尊重文化差异 / 223

第十七章　失败乃成功之母 / 235

第四部分
结论

第十八章　领导力调查分析　/ 247

第十九章　领导力的意义因人而异　/ 263

参考文献 / 269

英文版致谢 / 285

中文版致谢 / 295

引 言

微风吹过非洲马拉维的一个村庄,但从未有人相信它还可以转动风车。直到2001年,一个名为威廉·坎宽巴(William Kamkwamba)的14岁男孩用废旧金属零件、一个废弃的拖拉机风扇、一个破旧的自行车架,还有他从村里的垃圾堆里翻出来的塑料管等零部件,攒出了一个摇摇晃晃的风车。将当地村庄图书馆的一本封面是一架风车的《能源利用》(Using Energy)作为唯一的信息来源,坎宽巴创造了一个小小的奇迹,极大地改善了周边干旱地区居民的生活境遇。他组装的风车第一次产生了足够的电力,成功照亮了他父母的房子(Kamkwamba, 2010)。

在坎宽巴造出风车之前,他居住的村庄因为持续干旱而发生了致命的饥荒。因当季种植的玉米几乎颗粒无收,他不得不克服食物短缺的困境来维持生计。他的父亲把全家人的饭食减少到一天一顿,即便如此,全家人依然要四处寻找可果腹的食物。他也不得不辍学,因为他的父母已无力支付他每年80美元的学费。

种种磨难并没有阻止坎宽巴追求他那个看起来近乎不可能实现的梦想:改善村庄的居住环境,为村民供应电力和水源。

艰辛之旅：如何成为卓越的领导者

几年后，坎宽巴继续建造了第二个风车，并产生了足够的电力来抽水灌溉家里的田地。

他最终获得了南非非洲领导力学院（African Leadership Academy）的奖学金，之后又获得了美国达特茅斯学院（Dartmouth College）的环境研究学士学位。2020 年，他宣布在马拉维的卡松古（Kasungu）建立移动风车创新中心（Moving Windmills Innovation Center）：一个旨在激励下一代非洲创新者和推动马拉维经济繁荣的实践、协作学习中心（Moving Windmills Project，2022）。

威廉·坎宽巴的故事，最终被写成了畅销书《驭风少年》（*The Boy Who Harnessed The Wind*）。我在中国北方的一个偏远村庄长大，那时候村里同样没有自来水、没有电，粮食也不充裕，因此这个故事触发了我内心深处的共鸣。人们可以把坎宽巴最初的成功，归功于他的聪明才智，甚至是他的坚持。然而，坎宽巴本可以止步于解决一栋房子，或一个村庄的问题，但他的远见和领导力使他能够以那座七拼八凑的风车为起点，发起并推动一场意义深远的风力发电运动。

十多年前，在跨越太平洋的一次长途飞行中，我第一次读到了他的这本自传，在当时，"领导力"并不是我脑子里蹦出的第一个词。然而，坎宽巴英雄一般的努力和故事，始终萦绕在我的心头。当我开始为这本关于领导力的书做调研时，我了解了更多关于坎宽巴的信息，尤其是在他自大学毕业之后的人生轨迹。

知晓了他早期的经历和后来的追求，一幅更加完整的人生画卷开始在我的脑海中浮现。坎宽巴早年的生活经历影响了他的领导力，并推动他走上了一条追求能源创新、培养下一代领军者，以及推动马拉维经济发展的道路。在他早期的实验和后期致力于贡献社会的追求中，物质资料的匮乏或资金的短缺并没有让坎宽巴退缩，也没有妨碍他去发掘自身的领导潜力。

他曾经的愿望是：为父母的房子提供光明、灌溉家里的农田。他通过将建造风车这一愿望转化为行动，他的付出和成就后来鼓舞了整个村庄、其他地方的人们和国家。尽管他面临着各种挑战，但这些挑战转化成了点燃个人聪明才智的火焰和行动的动力。坎宽巴没有坐等其他人赋予他创新的权力，也没有任何人要求他去建造风车或建立创新中心。相反，他努力在生活中创造机会，且绝不让任何事情或任何人阻止他前进的脚步。

如果可以借用坎宽巴的案例来定义什么是领导力，我想说的便是：领导力始于自我实现。然而，更重要的是，它是激励和影响他人将愿景转化为行动的能力！

行业培训网站（Trainingindustry.com）的调研数据显示，仅2019年，全球花在各种领导力发展项目的费用约3 700亿美元（Training Industry，2022）。然而，在激励人们发挥领导力方面，相当多的领导力项目未能达到理想的结果。麦肯锡咨询公司在一份报告中写道："我们接触到的太多培训计划，都是建立在'一刀切'的假设上，即不管企业的战略、组织文化或首席执行官的授权能力有何不同，同一套的领导技能或同一种领导风格都可适用。"

即便是对于"到底什么是领导力"这个最基本的问题，也没有简单的"一刀切"答案。当哈佛大学管理课程的前副院长玛格丽特·安德鲁斯（Margaret Andrews）在2016年《大学世界新闻》(University World News)的一篇文章中,讨论商学院的领导力教育时,她讲述了美国最高法院法官波特·斯图尔特(Potter Stewart)在1964年一起淫秽案中提出的著名言论(Andrews, 2016)。当斯图尔特被问及是否可以提供关于淫秽的明确定义时,斯图尔特法官表示自己无法定义哪种类型的物品会被认为是淫秽的,但表示,"但我看到它,就知道它是不是淫秽物品"。

"领导力可能与此类似。"玛格丽特·安德鲁斯说。换句话说,我们根本不知道什么是好的领导,也不知道如何培养变革型领导。但与此同时,在诸多现实世界场景中,存在一个好领导或缺乏一个好领导时,我们能第一时间意识到。

我非常幸运地能够在两个全球顶尖学府接受教育,参与了来自沃顿商学院的世界著名领导力学者迈克尔·尤西姆(Michael Useem)的领导力课程,并接受了麻省理工学院韦潜光博士(James Wei)等学术领袖的指导。我还参加了无数次专门为商业领袖设计的领导力培训和行政管理培训课程。我在管理全球业务、产品开发、投资和许多其他领域的业务方面,拥有多年丰富且成功的职业经验。

然而,在我的职业生涯中,我经常很难搞清楚领导力的真正含义。

我指导过许多有才华、充满驱动力的人,尤其是在我退休前的最后几年工作中。与越多的人谈论领导力方面的话题,我就越意识到,并不只有我一个人发现难以明确领导力的定义,看起来每个人都很难回答这个问题。即使是最优秀的领导人,仿佛也只是天生具备了成为领导者的天赋,我们忽视了他们多

前　言

年来在领导力发展方面投入的时间和努力。事实上，你只有万分努力，才能看起来毫不费力。

2017年，我被公司派回中国工作，我开始在领英上定期更新关于领导力的博客，一方面是为了与他人分享我的管理经验，另一方面是为了梳理自己的心理框架，以更好地思考和探索领导力和决策相关的问题。现在，全球有超过25万名[①]有抱负的领导者订阅了我的领导力博客，我每周都会更新内容，他们也会把关于领导力的观点和故事分享给我。与这些读者的接触，真正丰富了我对领导力的看法和理解。很多人也在博客上建议我专门撰写一本关于领导力的书籍。

我于2022年3月正式退休，退休后我决定要写一本关于领导力的书，作为退休生活的第一个计划，以此来回馈我的25万名粉丝。

在许多企业组织中，领导力发展的最大障碍，是以组织为中心，而不是以人为中心。一方面，在当今的商业世界中，每个人都被期望成为一位领导者。另一方面，领导力培养计划往往是"标准化"的，必要的资源和精力投入往往又很少，并不足以将个人的领导力价值观与企业组织的目标联系起来。

我自己设计的组织领导力调查显示，在所有踌躇满志的领导者中，只有39%曾被他们的组织问及："为什么想成为领导者？"此外，许多领导力培养项目都倾向于注重具体的领导技能，而不是灌输成为领导者所需的勇气和信念。

畅销书作家西蒙·斯涅克（Simon Sinek）在介绍他于2009

[①] 现有29万的领英博客订阅者。

艰辛之旅：如何成为卓越的领导者

年出版的书《从为什么开始》(*Start With Why*)(Sinek，2011)时曾说道："地球上的每一个人、每一个组织都知道他们在做什么……有些人知道他们如何做……但很少有人或组织知道他们为什么做。"

领导力需要从"为什么"开始！你为什么想成为一位领导者？不同的人可能会给出截然不同的答案。如果没有这个"为什么"，我们只会机械地应对当前的情况，而不是做出有意识的领导和目标驱动型行为。

从个人的角度来看，领导力的发掘过程，往往是一场伴随终生的、有意识的自我发现之旅，有时我们会因为生活中的某些事件或某种顿悟，而改变自己对领导力的思考方式。一个人只有经历了这样一种个性化的过程，才能真正培养出指导自身领导力行动所需的清晰思维。胸怀大志的领导者，必须通过了解和明确自身的领导力价值观和目标，才能充分掌控自己的领导力发展。

许多企业组织在他们的使命和愿景声明中表示，他们都会"将'人'放在第一位"。当一家公司把员工的培养放在首位时，这意味着什么？即使企业宣言并没有明确地列出"以人为本"的宗旨，但每个组织都需要领导力，而领导力就是"从人开始"的。

正如本书的书名"艰辛之旅"(Odyssey)和"成为"(Becoming)这两个词所暗示的那样，在追求领导力的过程中，自我发现的旅程并不是一条坦途。在你找到自己内心的真实声音之前，这将是一场漫长而曲折的求索之旅。

这本书囊括了来自诸多思想领袖的故事和见解、与许多高管的采访对话实录，以及我自己作为跨国企业高管的成功经验

前　言

和奋斗经历的分享。本书不仅适用于那些刚刚走上领导岗位或是处在职业生涯中期，想最大限度地发挥自身领导潜力，以期在职场上取得进一步飞跃的领导者，对那些首次踏上领导者之路的人而言，也是一本非常实用的指南。商学院的学生可能会发现，书中的许多内容与自己的专业学习相关。尽管本书提供的许多例子和案例都来自商业背景，但大多数概念应该同样适用于任何其他领域或形式的组织机构，甚至是公共或非营利组织。我的目标是为面临自身领导力挑战的读者，提供一个结构化的框架，帮助他们思考自己的领导力之旅应该如何规划和前行。

本书的第一部分介绍了领导力价值观的基础，以及读者如何培养自我意识或认知，探索自己的心声，更好地将自己的价值观与企业组织的目标联系起来。通过了解什么是真正激励和鼓舞自己的因素，也了解自己作为领导者最终如何定义成功，可以提高诸位读者的领导效率。

本书第二部分描述的主题是"什么造就了伟大的领导者"，以及他们如何创造组织愿景、做出决策，并营造有利的工作环境，使所有人都能够找到实现组织目标的最佳途径。成功的领导者，无论他们在组织中处于什么层级，都会明确定义并传达团队的愿景。他们愿意主动承担职责，也不逃避为实现短期目标而做出决定，对于想创造什么样的长期影响，他们总是有着清醒的认识。

第三部分探讨了如何将书中概述的一些领导力框架，通过不同领域的实用案例展示领导力框架的实际应用，以及论述一些具体的领导力发展话题，包括胸怀大志的领导者或新环境中的领导者感兴趣的话题。此外，本书还收录了一些关于推动变革或利用项目来彰显个人领导力的方法等具体议题。随着领导力的日益全球化，本书还探讨了文化背景对领导力的影响。

在本书的最后，总结了我在书中所做的一项领导力调查，其中包括了一些领导力致命误区，并为那些心怀抱负、希望将本书中的概念转化为行动的领导者们，留下了一些实用指南。

虽然对本书的内容做了如上安排，但我无意将其编成一本教科书，因此诸位读者也不需要按目录设定的顺序来阅读。事实上，许多章节，尤其是第三部分的章节，是可以独立阅读的。尽管如此，我仍强烈建议诸位先阅读本书的第一部分，因为它是自我发现之旅的基础。

我在每一章的结尾处都设计了一个简短的启示和领导力练习，供诸位读者进行拓展思考和反思。当然，它们不是必须完成的任务，只是一些旨在提供思考方向和灵感的信息。在读完每一章的内容之后，恳请诸位不必急着翻开下一章的内容，给自己一点时间，思考如何将所学的知识转化为领导力的切实行动。

在培养领导力的漫长旅途中，你会学到很多经验和教训：如何更好地了解自己、如何有效地进行领导，以及如何根据符合自身的基本领导价值观的愿景做出明智的决策。我希望本书能够成为你领导力发展之旅上的一个成功拐点。但光凭阅读本书，或者任何领导力书籍，都不会使你成为一名真正的领导者。要使书中的道理真正变得有意义，必须通过个性化的思考和有意识的实践，将这些知识内化，并转化为切实的行动。祝你好运，并立刻行动起来吧！

第一部分

领导力是什么

第一章

领导力不会从天而降

目标明确的领导者明白他们的故事对领导力的清晰度和方向的指导性有重要作用。

——昆恩·麦克道尔（Quinn McDowell）

"当你离开这里，开启人生下一个篇章时，你会扪心自问，'下一步发展方向是什么''目标是什么''自己的目标又是什么'。"这些是苹果公司首席执行官蒂姆·库克（Tim Cook）在麻省理工学院2017年毕业典礼演讲中，向毕业生提出的问题（Cook，2017）。这些也是库克自己多年来努力想要回答的问题。

库克接着说，他曾以为考上了大学，选定了一个专业，或找到一份好工作之后，这些问题就会迎刃而解，然而困惑并没有因此而得到开解。他曾以为获得几次职场的晋升，或许能够提供答案，但职业的成功好像也没用。这些问题一直悬而未决，萦绕在身边，又会突如其来地浮上心头。库克不断追求实现下一个更高的人生成就，但依然困惑于同样的问题。所有的成就，看起来都未能提供令库克心满意足的答案。他也曾诉诸冥想，试图在宗教中寻求指导，或是阅读伟大的哲学家和作家的著作，但这些都不能带来令他满意的结果。

十五年的曲折探索之旅，一直持续到他加入苹果公司。彼时，史蒂夫·乔布斯（Steve Jobs）发起了"非同凡想"（Think Different）广告运动，以期振兴陷入困境的苹果公司。乔布斯确信苹果公司可以真正改变世界。库克表示，"在此之前，我从未遇到过有着如此热情的领导，也没见过有如此笃定决心的公司：服务全人类。"多么简单的一个目标：服务全人类。

正是在这一刻，库克终于感觉到内心被触动，终于感觉到有一家公司，能将极富挑战性的前沿工作与更高尚的目标结合到一起，于是他决定加入苹果公司，与乔布斯并肩作战，因为后者坚信苹果能够提供市面上尚未存在的技术，并重塑未来世界。库克确信这将符合他自己，以及他服务于更伟大事业的深刻需求的人生目标。

库克在2017年的演讲，显然是深刻且意义深远的。但即使是库克，他也只是在花费多年试图寻找有意义的成就和成功之后，终于在职业生涯的中后期，迎来了影响一生的反思和顿悟时刻。在2019年斯坦福大学毕业典礼的演讲中（Cook，2019），库克发自肺腑地呼吁和重复了乔布斯在14年前所说的话，"你的时间是有限的，所以不要浪费时间过其他人的生活，"然后他接着说，"如果你每天早上起床后，以其他人的期望或要求来设定自己的日程，这只会让你发疯。"

你要如何衡量自己的人生

我们很多人都与库克一样，在职业生涯中面临过类似的困

第一部分 领导力是什么

惑和挣扎,即如何确保自己的人生追求符合真实的自我。尽管每个人都依赖内心深处的东西,或者说真实的自我,来驱动和促使我们去追求理想的生活,这是一件美好的事情,但这很可能是一场需要持续终生的追求和探索之旅。然而,一旦我们成功地找到了这个长远的目标,这些顿悟无疑会增强我们领导力的指导原则。

同样,哈佛商学院教授克莱顿·M. 克里斯坦森(Clayton M. Christensen)通过撰写多本著作,提出了颠覆性创新的开创性论述,从根本上改变了商业领袖对创新的思考。他在与癌症做斗争的晚年时,写的一本新书提出了一个问题:你如何衡量你的人生?

纵观人类几千年的历史,人类从未停止思考自身存在的意义。但很多人往往过完一生都未能解决这个问题,或找到一个令人满意的答案。很多人会习以为常地根据那些墨守成规的标准来衡量自己人生的成败,例如:获得了多少奖项、赚到了多少钱或者去过了多少不同的地方。但在 2016 年接受《华尔街日报》(*Wall Street Journal*)采访时,克里斯坦森博士给出了下面与众不同的答案(Hagerty,2020):

> "当我离开人世,与上帝面对面交谈时,'上帝不会说','哦,克莱顿·M. 克里斯坦森,你竟然是哈佛商学院的知名教授'。'上帝会说','我们能不能只谈谈那些在你的帮助之下,变得更好的人们……我们能不能谈谈,你做了什么来帮助(你的孩子们)成了优秀的人?'"

克里斯坦森博士给出的建议看似简单,却发人深省,因为它已经超越了信仰或宗教的范畴。其要义是:"不要太在乎自己是否功成名就,或达到了什么显赫的地位,而是应该关心你帮助的那些人,是否成了更好的人。"

他同时也提出了以下令人深思的问题:

> "你是否万分努力地寻求成功,以至于选择随波逐流地遵循世界的游戏规则,而不是听从内心的愿望?你是否思考过功成名就的人生和有重大意义的人生之间有何差别?当你走到生命的尽头时,你会如何衡量你的人生?"

在他的新书付梓之际,克里斯坦森刚刚战胜了癌症,同样的病夺走了他父亲的生命。在他与病魔做斗争的过程中,如何衡量自己的人生,成了一个益发紧迫和深刻的问题。整体而言,这是一本探讨生命意义的著作,反映了克里斯坦森的体悟和理解。与许多人一样,他也在试图解答"人生有何意义"这个宏大的问题。

同样地,很多人在试图将抽象的领导力概念,转化为我们在职场或个人生活中经常做出的决定时,遭遇了重重困难。显然,我们对人生目标的理解,无疑会影响我们将领导力内化的过程和能力。试图回答克里斯坦森提出的这个问题,不仅会迫使我们反思生命的意义,也迫使我们思考找到一个人生目标的紧迫性。

我在儿子大卫 2019 年从弗吉尼亚大学毕业时,与他分享过

第一部分　领导力是什么

一些人生感悟，下面是一段节选：

> 人生苦短，纵然你觉得青春仍在、人生漫长，但实际上人的一生非常短暂。我像你一样从大学毕业的时候，仿佛就在昨日，然而37年的光阴转瞬即逝，我只能在回忆中珍惜昔日的美好。我们总是告诉自己，当我有了更多的经验、更多的钱或更多的时间时，我就会去追求自己真正想要的东西。这个承诺看似迷人，但残酷的现实是，你永远都不会有机会采取任何行动，因为这些不过是不作为的借口，是掩盖内心恐惧的遮羞布。只有直面内心的恐惧，并意识到它们已经阻碍了我们前进的步伐，我们才能真正地向前迈进。如若不然，当我们有朝一日蓦然回首人生时，才会惊觉机会早已逝去，而自己已然白发苍茫。为此，请你无比珍惜青春、敢于冒险，找到自己真正喜爱和享受的东西。不要人云亦云，任由他人的意见左右你内心的诉求。最重要的是，要鼓起勇气跟随你的内心和直觉，在机会降临之时，果断地把握人生的机遇。

当涉及人生价值观和人生目标，以及如何内化领导力时，我们的成长经历会产生重大的影响。

我在中国北方的一个小村庄里长大。我的童年和那条通往家乡的、崎岖不平的"之"字形小土路，给我留下了非常美好的回忆。每次回老家，踏上那条熟悉的土路，在村子对面的山坡上徒步时，我总是对先辈们大约在三百年前选择定居的这片土地，充满了强烈的情感。看着眼前起伏绵延的山谷和山脉，它们似乎想要告诉我，在漫长的历史变迁中，它们见证了无数的风霜雨雪和盛衰沉浮。

难以忘怀的童年记忆仍历历在目。我清楚地记得家乡的空气与各种味道、公鸡清晨的啼鸣、开门的吱呀声。天空总是清新湛蓝，村前小河里的水也总是清澈见底。每次回到故乡，我们一家人总是会沿着村边小溪旁的小路漫步。夏天的时候，我们会看到许多山丹花漂亮地点缀着山的一侧。在宁静的乡村里，偶尔的鸟叫声，给人带来一种心灵宁静之感。我还记得年幼时，母亲会在一盏小小的煤油灯下，教我和哥哥如何用火柴棍计数，或用算盘做数学题。这些早期辅导，对我们未来的教育产生了不可估量的影响，为我们未来的人生追求奠定了基础。

父亲的人生经历颇为坎坷，幼年时经历了战争带来的各种苦难，到了20世纪60年代初，又遭遇了饥荒和各种磨难，再后来又经历了"文化大革命"的动荡，晚年时又备受病痛的折磨。然而，在担任地方政府的各类职务的公仆生涯中，以及在荣退后的很长一段时间里，父亲始终受到人们的尊重和爱戴。他这一生都在努力履行人民公仆的职责，始终将人民放在心间，我想这也是他的父母对他的教育。

关于父亲，给我留下最深刻印象的，就是他乐善好施和乐于助人的品质，他不仅是我们家的顶梁柱，也是整个社区的主心骨。人们有事会向他请教，遇难会向他寻求帮助，甚至直到他生命的最后一段时光，依然在不停地帮助他人。父亲因中风而被迫提前退休，但他转身投入了社区服务工作，这也延续了他的人生目标和动力。在生命的最后阶段,他备受晚期癌症的折磨,无数人轮流前来探望,帮忙照顾他,并继续向他寻求人生的建议。

作为一个睿智之人,父亲因其聪明才智而受人尊敬,但他的正直、慷慨和对人的善意,更令人钦佩。现在,虽然斯人已逝,但父亲的教诲仍让我受用终生。直到长大成人,我才意识到这些教诲的价值。这些根植在血脉中的价值观,塑造了我对自己的信念,让我带着动力、目标和勇气生活。反过来,这些价值观也直接或间接地影响我内化领导力,以及领导他人的方法。

然而,每个人都有自己独特的个人价值观,因此,每个人都将以不同的方式,内化个人的价值观和人生目标。

关于领导力价值的反思

我的成长经历和早期生活经验,促使我加倍努力地工作,以争取下一次个人成就或更高的职业发展。总而言之,我认为自己非常幸运,有机会从事技术领域的工作、管理企业、推动投资,并与许多初创企业合作。同时,我也有幸能够跑遍全球约35个国家,接触到各行各业的业务。

尽管我在职业领域的成就可谓充实,但我慢慢意识到,攀登企业的阶梯固然重要,但并不是我寻找人生目标的唯一选择。在企业任职生涯的最后几年里,我花了很大一部分时间来辅导年轻一代的领导者,希望他们能够缩短学习时间,加快积累领导力发展的经验。即使在退休后,我仍然经常收到心怀壮志的领导者发来的电子邮件和打来的电话，向我寻求职业发展建议。

尽管商业世界是一个充满激烈竞争、弱肉强食的地方，但我发自内心地相信，通过帮助他人实现他们的梦想，我们自身也能够获得成功。在这个过程中，我们也会发现，自己的人生目标和价值，与自身秉持的领导价值观保持了一致。

从领导者的角度来看，我们应该帮助下属做好定位，并明确他们自身的角色和责任。这样一来，当他们在正式职责之外的领域尝试新鲜事物时，他们所做的贡献，不仅能够给他们自身带来成就感，同时也给企业和组织带来附加好处。当员工获得成就感时，他们就会愿意超越自己在企业中给定的角色和职责，去承担更多分外之事，比如承担特殊的项目任务、组织校园招聘活动，或者为志愿者活动奉献时间和精力等。这些分外之事，不仅为他们创造了在低风险环境中，化领导力为实践的机会，还让他们拥有了与个人价值观相一致的目标感和使命感。

如果我们的工作和生活不能帮助他人，不能为我们的社区做贡献，不能使世界变得更美好，那这样的工作和生活还有什么意义和价值呢？

基于我个人的全球商业经验，我得到的教训是，世界正在日益变小（当然，并非物理层面的变小）。我们需要认识到，我们正在与具有不同文化背景的数10亿人共享这个星球。尽管我们彼此之间有着许多共同点和相似点，但差异必然存在。每个人都会寻求实现个人的利益，这也是应有之义，但同时我们要不断地意识到，大家都生活在一个更大的、相互联系的、相互依存的世界中，为此承担相应的责任，同样至关重要。在商业领域，我们需要尊重来自不同文化背景，持有不同观点的人。从更大的层面来说，每个人都需要学会尊重人与人之间的差异性，才能够在这个世界上与他人和谐共处。

无论我们是否主观上意识到，我们对世界的认知是从自己的出身和被教育的方式中习得的，这些后天习得的价值观，反过来会影响我们对领导力价值的理解以及推动人生目标的追求和实现。然而，关于领导力的价值和人生目标到底是什么，这并没有适用于所有人的标准答案，也永远不会有。几千年来，人类一直试图寻找一个正确的答案，但却徒劳无果。身为个体，我们不得不自己寻找和回答这个问题，因为你的领导力价值将取决于这个答案，也因为拥有明确的目标和清晰的方向，将有力地推动领导决策的选择。一旦你拥有了明确的人生目标，就能够在必要时改变人生道路的轨迹和方向，朝着理想的愿景，有意识地、循序渐进地迈进。

确保个人价值观与组织目标的一致性

从组织机构的角度来看，价值观能够帮助明确适当的行为标准是什么。一套可靠的组织价值观，可以为营造乐观积极的职场文化定下基调，在规范组织机构期望其成员采取的行为方面，发挥巨大的作用。价值观可以帮助定义一个组织机构的性质，提供一套能让企业走向成功的框架，同时又能加强整个企业层面的道德规范。当组织机构的核心价值观与个人的价值观保持一致时，员工会更快乐、更有灵感和驱动力，他们的贡献将积极影响到企业的商业结果和个人满意度。反过来说，在个人价值观和企业核心价值观不一致时，负面影响就会显现。

想象这样一个场景：你正在与公司最重要的一位海外客户通话，这位客户发现你方提供的产品存在质量问题。这个问题已经严重影响了他们当前的业务进展，因此客户希望你方能够确保此类情况不再发生，因为你方是他们唯一的供应商，且他们的主营业务主要依赖于你方提供的产品。你的上司向客户保证，同样的事情绝对不会再发生，但你清楚地知道，同样的质量问题，已经在其他客户身上发生过了。

老板做出的虚假承诺，有可能在短期内挽回这个客户，然而，一旦同样的质量问题再度出现，你很可能需要面对来自客户的滔天怒火，并最终失去这位重要的海外客户。更重要的是，此类事件会导致你失去客户的信任。此外，老板的行为也是在告诉整个团队，类似的情况很可能会再度发生，而其他人也会效仿老板的欺骗行为。一个有道德的领导者，会坦然地承认自己的问题，并与客户携手合作，认真地解决问题。短期内，客户仍可能感到不满，但他们有机会重新制定业务方案，调整业务的重点和方向。你仍可以保持客户的信任，并有机会在未来继续开展合作。更重要的是，一位有道德的领导者，坦诚错误的行为，将为组织和整个团队树立正确的行为示范。

有一个事件与此十分相似：有一则新闻报道称，太空探索技术公司（SpaceX）解雇了一些公开批评其创始人埃隆·马斯克（Elon Musk）的员工，因为有一封电子邮件从这些员工手上传播了出去，称马斯克在社交媒体上的行为"常常令人不知所云，贻笑大方"，并要求太空探索技术公司对马斯克的行为予以谴责（Bogage，2022）。

无论你是否认同马斯克发表的观点，但不可否认的是，埃隆·马斯克通过频繁地使用推特（Twitter），在公共领域制造了许多戏剧性的事件。我们很自然地会想到，马斯克名下企业组织的员工，会同样地有恃无恐，因为他们的企业文化允许他们公开发布类似离经叛道的言论，这不过是在模仿公司领导马斯克的行为。如果你是一家企业组织的领导者，我认为这就是一个很好的例子，让你意识到自身的所作所为如何塑造了你周围人的行为。当然，太空探索技术公司这则故事的讽刺意味在于，埃隆·马斯克有意或无意地创造了一种他并不希望下属员工有样学样的企业文化。

在本书的撰写进入尾声之时，马斯克决定以440亿美元的价格收购推特，坐观此次收购将如何改变推特的企业文化，进而改变马斯克自己创办的特斯拉和太空探索技术公司的文化，想必会十分有趣。

很多时候，领导者们往往"说一套做一套"，但同时又要求手下的员工按照他们所说的去做。现如今，自上而下的命令式领导风格，在大多数企业组织中已然行不通了，现在的员工希望看到领导者切身的行动，看到领导者以身作则。当领导者自身做不到言行一致时，他将很快失去整个团队的信任。

许多企业组织和领导者都犯了一个错误，即认为企业的业绩等同于其价值和使命。确保企业组织的价值与员工的个人价值保持一致，将在激励员工的积极参与方面，发挥至关重要的作用。作为营利性组织，企业自然需要专注股东回报率，但企业领导者依然要花心思制定一套合理的企业价值观和行为规范，使其超越股东价值的长期承诺，能够吸引和激励员工，尤其是年轻和更理想化的一代员工。最近的大规模离职风潮背后的部分原因，是员工个人价值与企业组织的期望，在新冠感染疫情过后的职场文化转变推动下，存在了不一致的情况。

瑞士精神病学家和作家 C. G. 荣格（C. G. Jung）曾说过，"在你把无意识变成有意识之前，它将主导你的人生，但你将其视为命运。"领导力不会从天而降，你必须主动出击，有意识地培养和获得领导力。否则，你将无法掌控自己的人生，导致别人的价值驱动自己的领导力价值。

启示

> 无论我们是否能有意识地发现，我们的认知会受限于自己的出身和成长方式。这些价值观会反过来影响我们的领导力价值，推动或阻碍领导目标的实现。为此，我们需要通过自我反思，了解自己为什么要成为一名领导者，因为我们越是清楚地知道自己的领导力价值观，就越有可能基于一套一致的原则做出明智的领导决策，而不是被动、机械地应对不断变化的情况。

领导力练习

给出自己必须成为领导者的三个理由。扪心自问,这些理由如何与你个人的核心价值观保持一致,以及这些价值观如何与你的企业组织目标保持一致。

第二章

领导力并非只关乎你自己

当你接受一个领导角色时，你要对他人的行为承担额外的责任。

——凯利·阿姆斯特朗（Kelley Armstrong）

在我度过 15 周岁生日的三个星期之后，当时中国的最高领导人毛泽东主席于 1976 年 9 月 9 日与世长辞。我仍然清楚地记得当时的场景：人们围着村里唯一一家商店的收音机，静静地听着去世的新闻，不知所措。即使对于一个生活在偏远的农村地区的人来说，国家元首离世的消息也仿佛颠覆了整个世界，至少我当时就是这么想的。

一个月后，以江青为首的"四人帮"被捕。不久之后，在"文化大革命"中被下放的邓小平恢复职务，担任国务院副总理，并决定首先从教育开始改革。与此同时，他也开始酝酿中国划时代的经济改革计划。

作为一个 15 岁的高中生，我密切又好奇地关注着国家的变化，但当时却几乎无法意识到这些事件背后划时代一般的深远意义。多年之后回首，这些事件最终促成了中国历史上最重要的一个变革，成为改变了几亿中国人命运的一个伟大的转折点。

现在看来，一些巨变仿佛一夜之间就发生了，而另一些事情则显然转变得更慢一些。在我的高中时期，大约有两年的时间，正好赶上了"文化大革命"时期的尾声，学生们几乎没有任何正常的课堂学习。直到"四人帮"被粉碎之后，人们才感受到世界似乎正在朝着好的方向发展。家长们和老师们终于开始鼓励学生们积极学习。然而，这个转变似乎来得有点太晚了。在 1977 年 1 月完成高中学业之前，我只有大约两个月的时间是真正花在了学习上。在当时的大环境下，高中毕业的我没有太多选择，很快就被送出家门，以知青的身份前往一个偏远的农村为国家建设添砖加瓦。当时的我从未想过，自己有朝一日还能够上大学，甚至做梦都没有想过。

1977 年的夏天，恢复高考的消息传来，这是自 1965 年以来，国家第一次恢复全国性的大学入学考试，一切都在猝不及防中匆忙地发生了。时隔十多年，无数的高中毕业生将怀着激动和焦虑的心情，争夺全国有限的入学名额，竞争一个上大学的机会。

官方统计数据显示，1977 年的全国高考，总计有 570 万考生报名参加考试，只有 272 971 人通过，录取率仅为 4.78%（Wu，2017）。大多数被录取的学生已然人到中年，年轻一点的也已经 20 出头，甚至还有 30 多岁的新生。尽管我在高中期间，只正儿八经上过短短 2 个月的课，我的高考成绩还算不错，但还没有好到让我成为幸运的 272 971 中的一员。

初战高考的失利，并没有令我气馁，我在生命中第一次意识到，自己有机会去争取一个接受大学教育的机会，这促使我

第一部分 领导力是什么

在接下来的几个月里,为二次备战高考做准备,即使备考的时间已经不足一年。在农村继续劳作的同时,备战高考成了我生活的唯一重心。漫长的准备和努力最终获得了回报,第二年我拿到了太原理工大学(当时仍称"太原工学院")的录取通知书。我选择了化学工程专业,这也为我的化学工程职业生涯奠定了初步的基础。我永远也不会忘记,收到录取通知书时,父母脸上灿烂的笑容。

大家都知道,中国自此彻底不同了。但我从未想到,在未来的几年里,这些变革将对我个人的生活产生如此重大的影响。

当时的我并不知道,这个改变了我个人命运的转折点,是邓小平于1977年8月13日,在北京人民大会堂举行的会议上作出的决定促成的。邓小平亲自召集了33位资深教育工作者开会,其中包括各个大学的校长和德高望重的科学家(Li,2017)。邓小平召开这次会议的目的,是征求教育界专家们的意见,共同制订恢复高等教育的计划,并将其作为国家的首要任务,以振兴当时中国在经历10年的"文化大革命"浩劫之后,已然千疮百孔的经济。几番犹豫之后,几位杰出的教育家提出了改革的具体需求和可能遭遇的困难。

邓小平在会议期间颇感意外地得知,一场全国性的教育会议,已经在一周前的8月4日举行过了。巧合的是,举办了这个会议的酒店,离我最终上大学的地方不到两公里。8月4日会议的与会者,已经制定并向国务院提交了一份正式建议,即在1978年的秋季重启大学招生。在秋季开始招生,不仅符合一贯的做法，也给政府机构和各个高等院校留下足够的时间来准备高考招生这项规模庞大且程序繁杂的工作。

随着会议的推进，与会者的共识逐渐发生改变。他们认识到，自己被赋予了一个前所未有的机会，可以改变中国教育体系的发展轨迹。

"不要耽误又一代的人了。"邓小平向主管教育的官员做出指示，要求他们不要墨守成规，加快恢复高考的进程。邓小平强烈要求官员简化过于官僚主义的资格审批程序，并修改了向国务院提交的正式建议。

邓小平的亲自过问，促使教育部门在短短两个月后宣布了恢复大学招生的消息，并为1977年12月10日中国恢复高考制度后第一次前所未有的全国性考试，开始了紧张的筹备工作。

这一决定使恢复高考后的第一批大学生，能够在1978年3月成功进入了大学校园，虽然开学时间与常规不同，但非常情况下，就需要采取非常措施。

我并不在幸运的首批272 971名大学生之列，但却有机会在1978年7月20日重新参加了高考，并在同年10月16日如愿踏入了大学校门，而这两届学生中的许多人，最终成为领导中国随后几十年转型的关键人物。

有人说，这个转变的过程如此迅速，简直是个奇迹，但事实上，它是高效领导力的一个完美范例。邓小平认识到科学和教育将是推动中国经济转型的基础。

他并没有要求团队去研究，在这种情况下什么样的方案是可行的，相反地，他为整个国家的发展设定了一个长远的愿景，

第一部分 领导力是什么

并亲自向团队提出挑战,督促他们去努力实现一个看似不可能完成的任务。邓小平英明果断的领导,不仅开启了中国作为一个国家的转变,还从根本上改变了占据地球上 1/4 人口的中国人民的生活。

对我来说,8 月 13 日的会议,是决定中国前途的一个关键时刻。

尽管不是所有人都有机会像邓小平一样,做出影响整个国家未来走向的重大决策,但在当今的商业世界,或任何其他组织机构中的每个人,都肩负着成为领路人的期望,且无论有何经验背景,都会面临在关键时刻站出来发挥领导作用的要求。我们在有生之年做出的决定,会对我们自己、我们周围的人,以及企业或其他方面产生重大影响。

这就意味着我们同样需要培养身边的每一个人,培养他们做出理智决策和成为领导者所需的批判性思维能力,使他们尽快成长为合格的领导者。

许多在位的领导者往往偏安于现有的管理流程或做法,不愿花精力为新一代的员工提供持续的挑战、激励和鼓舞,发掘他们最佳的表现。在前文恢复中国高考的案例中,在中国处于深刻变革的阶段,邓小平"求变"的领导哲学,取代了长期以来固守常规的管理哲学,这才推动中国产生了影响深远的不朽变化。同样地,高度动态化的商业环境,要求领导者不能以昨天的管理逻辑来应对当下瞬息万变的现实。

艰辛之旅：如何成为卓越的领导者

领导力是一种责任和担当

不同的人可能对领导力有着不同的理解，因此如何将领导力个人化，并将其转化为有效的决策和行动，始终是一个充满挣扎的过程。

20年前，当我参加沃顿商学院的MBA高管课程时，非常有幸地与波士顿红袜队（Red Sox）[①]的新老板约翰·亨利（John Henry）及其管理团队进行了合作，包括其新上任的首席执行官拉里·卢奇诺（Larry Lucchino），完成了一个关于商业战略发展过程的课程计划。我们的小团队大约有6名学员，大家抓住了这次难得的机会，亲眼感受到了管理团队的真实决策过程。

其中一段独特的经历，是参加红袜队在佛罗里达州迈尔斯堡（Fort Myers）的春训营，并与球队老板和高层一起在专属包厢观看球队的春训比赛。我们坐在宽敞的包厢里，带着食物和饮料，围观球队老板和球队高管一边讨论着商业问题，一边轻松惬意地看着球场上的比赛。

其中最令我印象深刻的，就是亨利先生在当时做出决策的场景。那是一场红袜队与老对手纽约洋基队（Yankees）之间的比赛，当时正处于第三局上半场。红袜队的一位候补投手正在对阵洋基队，他连续送出了两次安打。约翰·亨利一边刨根问底地提问，一边仔细观察，然后对这位球员的前景做出了决定性的评论："不签约！"

[①] 美国职棒大联盟棒球队名。——译者注

第一部分 领导力是什么

当这位候补的球员继续在场上投球时,我当时脑子里的想法是,这位年轻的球员并不知道球队的老板已经决定了他的未来,但他仍在竭尽全力地表现自己,希望能够得到球队的青睐,然而他无缘美国职业棒球大联盟球员的命运已经被决定。亨利先生显然并不是以"门外汉"的身份做出决策,因为在他的领导之下,红袜队在遭遇长达 86 年的败北后,于 2004 年赢得了第一个世界职业棒球大赛(World Series)的冠军。

在事后反思那个果决的时刻时,我意识到这个决定无论如何都算不上特殊,所有的职业棒球员都要接受评估,因此遭遇拒绝也并非罕事。同样地,风投资本家在做出投资的决定之前,往往要拒绝 95% 以上的申请人。常春藤名校每年要拒绝 90% 以上的申请人。我们所有人,尤其是企业界的人,同样需要定期接受评估和评价。尽管那些遭到拒绝的人,应该具备韧性和毅力,不气不馁地继续努力,但身为决策者,应该始终认识到这样一个事实,即他们做出的决定,无论从组织机构的层面来看多么必要且合理,无论是积极的还是消极的,都会对个体的命运产生影响。作为一名领导者,我们对组织机构和决策波及的对象,都负有巨大的责任。

你可能听闻过斯蒂芬·库里(Stephen Curry),他被视为最有天赋的 NBA(美国职业篮球联赛)篮球运动员之一,曾带领金州勇士队获得了四届 NBA 冠军。但他作为一位领导者表现出的担责意愿,你可能欣赏,也可能不认同。继最近两名队内球员之间的冲突闹得沸沸扬扬,并成为全美皆知的新闻后,库里承诺他们会想办法解决问题。他表示:"这就是这份工作的要求。即使没有，我也已经承担了这个责任。因为我们需要竭尽全力，确保每个人都能够获得有趣的、令人愉快的、令人难忘的经历，这很重要……我也不想表现得太过严厉，但是这些摩擦和矛盾，这些时刻可能成就，也可能摧毁一个团队，而我的工作就是不要让它破坏整个团队。"（Thompson，2022）

我们经常听到人们感叹自己缺乏成为领导者的权威，但这些故事留给我们的只有一个启示，即只有在领导者表现出承担责任的意愿和行动之后，才能获得领导他人的权力。这个道理不仅适用于高层管理人员和国家领导人，也适用于任何有志于成为领导者的人。

邓小平就中国大学教育的改革行动，以及亨利先生就棒球候补球员职业前景做出的选择，都对各自的组织产生了重大影响。同时，这些决定也对相关人员的事业和生活产生了直接或间接的影响。如果你有志成为一名领导者，就应该意识到，领导者的权威，需要通过展示负责任的意愿和行为，而不是逃避决策或找借口，特别是在困难时期。

启示

> 领导首先是一种责任，对组织机构负责，对决策这一行为负责，对你所领导的人负责，对你所做的决定负责。领导行为会对相关人员的职业甚至人生轨迹产生重大影响。

领导力练习

> 这是一个自我反思的练习：请找出你生活或职业中的三个决定性时刻，这些时刻冲击或强化了你的某些基本价值观，或唤起了强烈的自我意识。你从这些时刻中学到了什么，你是如何将这些经验运用到自己的领导决策中去的？

第三章

探索世界之前先明悟自身

> 你能够拥有的最重要的对话,就是那些与自己的对话。
>
> ——大卫·戈金斯(David Goggins)①

"我很清楚我们需要做什么。"在北京街头的一辆出租车上,同行的全球高管信心满满地对我说。彼时,他刚刚结束了与中国一个重要商业伙伴的会面,并准备返回下榻的酒店。

这位高管的心情,一如当日的天气一般明媚,皆因双方的会面进展十分顺利。尽管彼此仍秉持谨慎态度,但各自均展现了给对方应有的尊重。这是一位经验丰富的高管,有着几十年在全球各地经营业务的商业经验,但通过出租车上的交谈,我得知这是他首次到访中国。

他继续向我解释说,十多年前,他曾在另一个亚洲国家成功完成过类似的商业项目。自信满满的他显然认为,中国的商业环境和人际关系模式,与上一个亚洲国家没什么不同。但那是一个与中国截然不同的国家,而且上一次的业务,发生在15年前,时间和地点已经完全变了。对那些经常在中国做生意

---

① 大卫·戈金斯是人类历史上唯一一个完成了美国海军的海豹突击队、陆军的游骑兵和空军的战术空管3项精英训练科目的人。——译者注

的人都会知道，与 15 年前的中国相比，现在的中国早已发生了日新月异的颠覆性变化！

就在那一刻，我意识到我们接下来可能需要面临巨大的挑战。然而，除了委婉地就中国商业环境的复杂性分享自己的一些建议之外，我不知道应该说些什么，或应该告诉他什么。此外，作为外方代表，我们在这次合作关系中的影响力，可能并没有他想象的那么大。

由于他盲目的自信和错误的假设，以及双方期望值的落差，合作不出意料地陷入了僵局，这种僵持延续了将近一年才终于有所缓解，因为外方重新任命了一位新的高管前来接手这个项目。

这段经历给我带来了深刻的影响，事后我也多次在脑海中反思这个时刻。一方面，我反思了自己的领导力和影响能力：我本可以采取什么不同的方式，来转变他的错误决策？我本可以做些什么来加深彼此的信任，增强自身的可信度，并告诉他，这样的方法很可能行不通？另一方面，我也反思了自信与领导力之间的相互作用，尤其是在西方的商业世界中，二者如何相互作用。

事实上，许多人凭直觉认为，自信是成为领导者的一项关键能力。然而，自信需始于自知之明，因此了解自我、有自知之明成了一个领导者需要具备的更重要的能力。自知之明使人自信，但没有自知之明的自信，不过是一种盲目的傲慢。

组织心理学家、研究员兼《纽约时报》（*New York Times*）畅销书作者塔莎·尤里奇（Tasha Eurich）在 2018 年《哈佛商业评论》（*Harvard Business Review*）的一篇文章中，引用了一项研究结论，表示"尽管大多数人认为他们有自知之明，但我们的研究发现，这些人中只有10%—15%真正符合拥有自知之明的标准"（Eurich，2018）。

拥有高度自知之明的人，知道自己是谁，自己前进的方向在哪儿，以及什么能够驱动自己去努力奋斗。通过了解自身的长处和短处、价值观和愿望，以及它们如何影响自身的行动和他人的行动，这些人就有能力做出更好的决定，并最终成功地领导他人。

诚信是所有成就的基石

我在2018年7月初参加过休斯敦太空人队（Houston Astros）[①]时任总经理杰夫·卢诺（Jeff Luhnow）先生的午餐演讲会。当时该队刚刚在2017年赢得了有史以来的第一个世界职业棒球大赛冠军。在比赛前不久，整个休斯敦城的大部分地区被哈维飓风（Hurricane Harvey）带来了灾难性洪水摧毁，因此这是一场民众迫切需要的胜利。在演讲中，卢诺先生解释了他是如何领导休斯敦太空人队，在短短几年内将球队从2014年一个长期积弱的职业棒球队，转变为世界冠军的。他分享了转型过程中的

---

① 美职棒大联盟（MLB）中的一支球队，在分区中隶属美联西区（2013年后）。球队于1962年建立，最初叫"Colt.45s"（.45口径左轮手枪队）。1965年改名为"太空人队"一直延续至今。在2005年和2017年参加世界大赛，并于2017年以4∶3击败洛杉矶道奇队，取得队史第一次世界大赛冠军。随后在2019年到2022年3次进入世界大赛，并于2022年以总比分4∶2战胜国联冠军费城人，夺得队史第二冠。——译者注

一些关键决策,包括:创造愿景、吸纳合适的人才、充分利用数字技术的赋能、采取冒险行动的意愿,这些都是领导力的重要组成部分。

一年后,有爆料人称,休斯敦太空人队在整个赛季甚至季后赛中,一直在使用一个复杂的系统,窃取对手球队的沟通信号,以获得不公平的竞争优势。

随后的美国职业棒球大联盟的调查报告显示,"太空人队的几乎所有球员都在一定程度上参与或知道这个作弊计划"。即使卢诺后来否认对作弊计划有任何了解,但报告称杰夫·卢诺至少在一定程度上听闻过该计划,但可能没有给予过多关注(Hurley,2020)。这一丑闻彻底摧毁了太空人队的声誉,卢诺在内的所有领导人最终被太空人队解雇。值得注意的是,2017年太空人队的球员,没有一个受到美国职业棒球大联盟的处分,尽管"几乎所有"的人都以某种方式,参与了这个作弊计划。

具有讽刺意味的是,我清楚地记得卢诺先生在午餐演讲中,用"以血泪的代价"这个词组,描述如何从错误中学习经验教训。他在演讲中承认自己曾犯过一些错误,包括与 J. D. 马丁内斯(J. D. Martinez)解约,马丁内斯后来成为波士顿红袜队的明星外野手。

卢诺说:"关键是要承担责任,并从错误中学习经验教训。"如果美国职业棒球大联盟提供的调查报告属实,看来卢诺先生在这种情况下,并没有如承诺的那样言行一致,站出来为丑闻负责。

这也让我想起了另一个例子,2003年在中国香港举行的丹麦和伊朗的嘉士伯杯足球赛中，伊朗球员阿里雷扎·尼克巴特（Alireza Nikbakht）错误地将观众席发出的哨声当成裁判的中场休息信号，在罚球区内用手捡起了球。

因此，裁判员判给了丹麦一个点球机会，但在与国家队教练莫滕·奥尔森（Morten Olsen）协商后，莫滕·维格霍斯特（Morten Wieghorst）故意在点球时错失进球，以示公平竞争。最终丹麦队以 0∶1 输掉了比赛，但维格霍斯特获得了奥林匹克委员会公平竞赛奖（Tong，2022）。

职业道德意味着一个人知道"有权去做什么"和"应该怎么做才是正确的"的区别。而有的时候，失败比获得胜利更光荣和伟大。

太空人队和嘉士伯杯足球赛的故事，都彰显了关于领导决策的道德原则。尽管我们生来就会受到与情感相关的不同因素的激励，包括追求成功的野心、外界的影响，以及亲疏远近的人际关系等，但拥有明确的目标感和价值观，从始至终都非常重要，因为它们将从更本质的层面上激励着我们。明确作为一位领导者的目标，不仅可以为你的决策提供一个指导原则，还能帮助你确定自身的领导价值。"体育运动并不能塑造人格，但能够展示出你的人格。"这是传奇篮球教练约翰·伍登（John Wooden）经常挂在嘴边的一句格言。无论这个人格指的是诚实、公平、富有同情心或道德感，它都彰显了一个人的价值。

关于自知之明，最重要的一项内容，就是清楚地知道自己的领导价值和目标。我们的成长经历和生活经验，创造并塑造了我们的信仰和价值观，但人们往往要经历心灵的探索和自省，才能最终确定自己的人生追求和目标。在大多数情况下，我们的个人领导目标，可能不同于企业组织的目标。

但是，只要我们能够确定自己的个人目标对企业组织有利，并能够推动企业组织获得成功，二者是否相同并不重要。

反过来，我们的信念和价值观也会引导我们对目标的选择，指导我们如何进行领导，并最终做出特定的决策。生活的意义是自己赋予的，如果我们选择盲目地随波逐流，无疑是将生命视为一场交易，而不是真正地活出独特的人生。如果我们能够按照自身的价值观领导他人，就能够充分地利用自身的优势，最大限度地发挥领导力。

而商业道德，则是领导者做出每个商业决策的指导性原则。对于领导者而言，这意味着什么？意味着每位领导者，都有着个人独特的价值观，但更重要的是，领导者有责任和义务为其领导的企业组织确定价值观和发展目标。企业的价值观是指导企业及其员工行为的基本理念，它影响了企业与其合作伙伴、客户和股东互动的方式。多数大企业有一套体现了其业务特点和文化精髓的价值观。企业价值观的终极价值，不仅仅是塑造领导行为，而是塑造正确的领导行为。不管领导者是否关注企业文化，企业都会发展出一套文化。就像所有人都会生成个人的价值观和独特的个性，为自己的决定和行为提供参考那样，企业的价值观将影响企业对待员工、客户和其他股东的方式。当然，员工、客户和其他股东被对待的方式，对企业最终是否能取得商业的成功有着莫大的关联。

当一家企业组织的行为偏离了正途时，企业文化或价值观将不可避免地反映出领导层的诚信问题。同样，作为领导者个人，你需要在商业道德方面，始终保持清醒的头脑，树立牢固的底线。你个人的诚信和信誉，是你身为领导者最重要的资产。诚信与信誉一旦树立起来，它们将为企业发展带来强大助力，而一旦失去，就会造成毁灭性的破坏。

了解自身的优劣势

我们或许都听闻过类似的商业神话：一个英雄式的企业家，在自己位于偏远郊区的车库里，偶然地发现了某个商业领域的下一个大事件，随后单枪匹马地颠覆和革新了整个行业，并从中赚得盆满钵满。但这些神话般的描述，往往无视了创新过程中的曲折和磨难。事实上，亚马逊创始人杰夫·贝索斯（Jeff Bezos）是普林斯顿大学（Princeton University）的毕业生，最初选择的专业是理论物理学。贝索斯在 2018 年接受美国经济俱乐部（Economic Club）的采访时回忆道：

> "我当时想成为一名理论物理学家。所以我去了普林斯顿，我是一个非常勤奋和优秀的学生……几乎所有的课程我都得了 A+ 的成绩。有一天，我被一道数学题难住了，我解不开那个偏微分方程，题目真的非常难。"

百思不得其解的贝索斯向室友雅山萨（Yashantha）求教，

后者愣了一会儿，直接说答案是余弦，然后写出了三页详细的代数运算过程。对贝索斯而言，这是一个决定未来人生走向的时刻，"……那对我来说是一个重要的时刻，因为就在那一刻，我意识到自己永远不可能成为一个伟大的理论物理学家……我看到了警示的信号，于是很快就换了专业"。

这无疑体现了贝索斯高度的自知之明。

"我们往往无法客观地看待自己。一位领导者不应该给自己贴上'伟大'的标签。"这是 ArtesHumanis 的首席执行官玛蒂娜·安杰丽克·瓦格纳（Martina Angelique Wagner）在看了我领英账号发布的一篇关于自知之明的领导力文章后留下的评论。

首先，自知之明包括确定和利用自身的优势。很多时候，领导者的个人优势，往往是通过自己的人生阅历、挫折发展、积累而来。我们往往会低估自己与生俱来的优点，因为我们倾向于认为，对我们来说容易的事情，对别人来说也同样很容易。因此，意识到自身的优势并不总是一件容易的事情，但重要的是，我们要反思自身能够蓬勃发展的大背景，并找出哪些因素在激励我们茁壮成长。

你是更擅长开创新事物，还是完善既有的事物？你是更容易在有明确任务界定的、规范化的环境中如鱼得水，还是喜欢模棱两可的环境，因为它提供了让你自己想办法解决问题的空间？你通常擅长将工作分配给他人完成，还是更喜欢亲力亲为？

其次，领导者需要有意识地反思自身的弱点，这往往表现为无意识的偏见。这才是最难做到的一件事，因为这要求我们诚实地反馈自身的偏见和弱点，不管做到这一点将具备怎样的变革性意义，它并非易事，因为涉及自身弱点时，我们往往下意识地选择视而不见。因此，愿意从他人的角度来审视自己，能够帮助我们收集宝贵的洞察力，帮助我们了解自身的情绪或沟通方式将如何影响他人。

在当今的全球化经济环境中，企业需要面对丰富多样的文化和各类截然不同的商业环境，意识到这一点尤为重要。例如，在1998年出版的《驾驭文化的浪潮》（*Riding the Waves of Culture*）一书中，两位作者佛恩斯·汤皮诺（Fons Trompenaars）和查尔斯·汉普登-特纳（Charles Hampden-Turner）分享了一项全球性的调查结果，调查的问题是：人们认为企业建立组织结构的主要原因是什么（Trompenaars，1998）。许多来自欧洲国家的受访者认为，这是为了让大家知道企业内部的职能是如何分配和协调的，而在一部分来自中东国家的受访者中，有30%的人认为组织结构存在的原因，是为了知道谁拥有领导其他人的权力。如果你被期望以一种更"权威"的方式来履行领导者的责任和义务，那么在欧洲文化中被视为工作优势的东西，可能会在中东地区成为一种弱点。同样地，在诸如荷兰等国家中，领导者提供坦率和直截了当的反馈，既符合大众的预期，又是可取的行为，但同样的做法，在其他一些国家和地区，可能被视为粗鲁和不礼貌。

如果你身边的人，有着与你相同的观点、职业道路规划和工作之外的兴趣爱好，那么搞清楚自己个人的偏见如何体现在团队的构成和领导风格之中，就变得更加重要了。因为一名包容性强的领导者，需要广泛地挖掘各不相同的观点，才能保持客观和健康的视角。考虑到整个团队相同的观点、兴趣和文化背景极可能强化无意识的偏见，拥有职场之外的非正式人际关系网就成了很多领导者的强大优势。包容性强的领导者，不仅需要对如何做出决策保持警惕，还需要对谁的声音能够被听到，以及谁可能会被排除在讨论之外等事情保持警惕，尤其是在人们日益依赖于商业世界开展远程工作的背景下，很多人往往来自世界的另一端。话说回来，领导者也是人，因此天然会自带偏见，所以在很多时候，领导者要学会保持开放的心态。身为领导者，能够选择后退一步看事情，主动去挑战那些默认的基本假设，也是必备的美德。

随着企业业务的不断发展，或外部商业环境的变化，了解自身的优势可以让我们更好地了解如何处理自身的弱点，并帮助我们获得解决这些问题所需的信心。领导者需要意识到，有时候我们固有的优势，也可能变成劣势。例如，丰富的经验可能会导致我们盲目地相信自己的能力或表现，也可能使我们过分高估自己的认知水平。

最后，我想要强调的一点是，优势和劣势是许多企业组织用来评估绩效的通用框架，而我个人的经验表明，许多领导者并没有非常有效地利用这个反馈过程，因为他们缺乏具体的、可操作的建议，以充分利用自身的优势来提高领导力水平。领导者往往因为在评估中发现自己存在一两个需要改进的地方而产生消极感，然后选择放弃整个评估过程，而不是从中学习如何利用自身的优势，学习具体的经验教训，实现个人的发展和成长。对有格局的领导者而言，当他们在接受反馈或向他人提供反馈时，应该有意识地反思这个问题。

他人对你的看法会影响你的领导效率

法国安盛集团（AXA Group）旗下子公司安盛信利（AXA XL）的高级副总裁兼美洲创新主管罗丝·霍尔（Rose Hall）女士与我分享了一个名为"一个词形容你"的游戏。通过这个游戏，可以更好地了解自身的特点，以及周围的人对你的看法。她分别询问了朋友和同事，他们认为什么词最能确切地描述她。在对二十个人进行调查后（他们都不知道其他人的答案），罗丝惊讶地听到，二十个人中有九个人的回答是相同的："紧绷的"（intense）。

根据牛津语言学（Oxford Languages）的定义，"紧绷的"一词指的是"极端的力量、程度或强度；具有或表现出强烈的感情或意见；极其认真或严肃"。这让她不得不开始认真地反思他人对自己的看法。更令人震惊的是，当她查找这个词的同义词时，其中包括许多具有强烈负面含义的词语，如可怕、痛苦和恶毒。这些描述本身就会令人感到紧绷和紧张！

这一经历帮助她反思了自己的领导力。时至今日，她的"紧绷"程度并没有改变，因为这就是她的性格。然而，改变的是她如何驾驭和使用它。从那时起，她学会了如何平衡自身的紧绷感，并在某些情况下把它作为自己的"超能力"，而在其他情况下则把它藏起来。她本来可以把"紧绷"看成自己必须改变的负面、苛刻的东西。相反，她决定将其发展为自身的一个优势。事实上，每个人都可以把与生俱来的个性品质转化为个人的力量，充分利用它们来发挥自身的优势。

更好地了解自己固然很有必要，但是了解他人对我们的看法，也是自知之明的一个重要方面。有些人可能认为，我知道自己是谁，我不太在乎别人对我的看法。我们弄清楚什么是正确的，然后无须在意他人看法的观点，这固然有一定道理。然而，在培养领导力和提升自知之明的背景下，他人对你的看法，会对个人认知产生影响，无论这种看法是否能准确反映你的真实情况。他人的看法会影响一个人在企业组织中的领导效率。知道别人如何看待自己的领导者，更善于表现出同理心，并更愿意将他人的观点纳入自己的决策过程，或者像前文的罗丝一样，能够将这种有意识的紧绷感转化为自身的领导优势。

我是在2005年入职埃克森美孚（Exxon Mobil）[①]的，当时我已经四十五岁了，是一名行业经验丰富的雇员。虽然现在的商业惯例已经发生了一些变化，但在当时，埃克森美孚雇用有经验的人，是相当罕见的做法，尤其是在管理层。这是因为直接从大学校招来的员工，他们的职业规划和发展有一个非常固定的流程。然而，对于一个有着多年工作经验的人来说，他们的丰富经验并不是在自家企业中积累起来的，因而很难得到欣

[①] 世界最大的非政府石油天然气生产商，总部设在美国得克萨斯州。在全球拥有生产设施和销售产品，在六大洲从事石油天然气勘探业务，在能源和石化领域的诸多方面位居行业领先地位。——译者注

赏和重视。因为人们的看法是，尽管你是本公司新入职的成员，但你并不是一个行业新手，所以他们会纠结是否将重要的项目分配给你。正如罗丝的案例展示的那样，无论你是否认同这种看法，它都会对你的职业生涯产生影响，除非你积极行动，主动地规划和管理自身的职业生涯，改变这些行业固有的看法。

当然，了解他人对自己的看法并非易事，因为没有人会主动告知你这些信息。为了确保自己能得到诚实的反馈，了解企业组织中他人对自己的看法，一个行之有效的办法，便是找到那些在企业中工作了足够长时间的前辈来指点迷津。罗丝的方法就十分有效，她获得了一些颇有见地的反馈。另外一个选择就是在企业中创造一种相互评价和反馈的企业文化，通过与同事分享建设性的反馈意见来建立彼此的信任，这将使他们更愿意分享关于你的反馈和看法。

充分了解工作的环境能提升领导力

自知之明的另一个重要方面，是要了解你工作周围的大环境，了解利益相关者的关键问题和关切点。这对每个人都很重要，但对那些有志成为领导者的人来说，这一点更是重中之重。

一些项目经理或工程师可能认为，所有的个人和小团队，只需要了解自己负责的那部分项目任务就行了。现实情况是，从大局出发的开诚布公的交流，不仅可以减少团队内部的误传、冲突和不理想的表现，还可以提高成员完成工作的积极性，以及整个计划的达成度。此外，看清大局可以让团队成员充分地抒发各自的见解和想法，并能更好地整合和归纳项目的不同部分，推动总体目标的实现。从个人发展的角度来看，"识大体、顾大局"也能提高团队成员与管理层或其他团队成员的沟通能力，充分地就各自项目任务的重要性和结果交流信息和需求。

在当今的商业世界中，我们需要完成和管理的许多项目都很复杂，它们结合了多种技术和学科，发生在以多企业、多组织为特征的大环境中，且往往位于不同的地点，或世界的不同地区。

身为人类，如果我们不知道自己在寻找什么，就很难看到真正的结果。一个有更强意识的领导者，会把自己看作超脱于个人、追求更伟大的事业的一分子。了解大局的目标，肯定会加大成功的机会，不仅是对项目，而且对领导者个人的职业生涯也是如此。

在你深入研究项目的具体细节之前，我的建议是，你应该充分了解和理解手头的项目和整体商业目标之间的关系，这对于早期的职业团队成员来说尤其重要。领导者要提出具有探究性的问题，引导整个团队更好地了解项目的背景。如果项目存在不确定因素，你也应该做到心中有数。

我主管的项目是否符合企业的战略目标？如何衡量项目的成功率，为什么要这样衡量？工作的产出或结果，将如何被用于整体业务决策？

启示

　　自知之明不是要求我们诊断和治疗对自己不足之处的恐惧,而是通过自我反思和周围人的反馈,来发现对我们真正重要的东西,以便充分利用自身的优势,最大限度地发挥自身的潜力。我们对自己了解得越多,我们作为领导者就越有信心,就越能够享受致力于完成任务的过程带来的乐趣。拥有高度的自知之明,可以帮助领导者客观地评估自己,确保自身的领导行为符合价值观,能够依据一套行之有效的原则做出领导决策,而不是仅凭感情用事。领导者越是能以原则为基础进行决策,就越有可能被视为一个合格领导者,并赢得他人的信任和尊重。

领导力练习

　　在这个练习中,我建议你用两种不同的叙述方式来介绍你自己,其中一种可以提及你的职业或头衔,另外一种则不必提及。这个练习将帮助你确定什么是对你真正重要的。你越了解自己,包括自己的优势和独特的能力,就越有可能成为一名自信的领导者。找出可以充分利用起来的两项长处,并通过具体的、相关的活动来进一步提高你的领导能力,然后再找两个能够指点迷津的教练/导师,请他们提供真实的反馈。

第四章

做正确的事,有时是不够的

曾几何时，上位的管理者可以命令直系下属去做任何需要完成的事情，但这不过是一种错误的观念，因为从来没有任何人拥有足够的权力去支配他人，所以上位者从来不曾拥有这样的权力，也永远不会拥有。企业组织的生活太复杂了，不能这样简单粗暴地解决。

——阿兰·R. 科恩（Allan R. Cohen）

"我曾非常想当然地以为我的行动就能够说明一切，但事实上，有时候口头表达的话语，比实际的行动更有说服力。"

在描述自己于 2017 年成为总督后对自身领导力的反思时，波多黎各前总督里卡多·罗塞洛（Ricardo Rossello）对我说了这句话。在麻省理工学院接受化学工程师的教育并获得密歇根大学的生物医学工程博士学位后，罗塞洛通过创建一个倡导波多黎各建为美国的一个州的组织，开创一家从事药物开发的生物医学研究公司，获得了创业和政治方面的经验。

在罗塞洛上任时，因为债务危机，波多黎各政府的运作出现了严重的问题。为了与债权人达成友好的解决方案，罗塞洛制订了一项计划，以实施财政改革和紧缩政策。

艰辛之旅：如何成为卓越的领导者

成功当选之后，他不仅提出了一项政府改革的愿景，而且还提供了一套非常具体的、以行动为导向的执行方案。他阐明了自己必须就此愿景采取行动的原因："尽管很多改革可能会失败，但在一个需要变革的时代，如果你选择了原地踏步，这种不作为就一定会导致失败。"

在我们的对话中，他提到自己甚至开发了一个致力于推动改革的数学模型，"（模型）会量化需要改革的分歧和摩擦、推动前进的动力、改革的时限等，这样你就能够知道什么东西能够推动改革，什么东西会阻碍它"。换句话说，他非常专注于具体的事实，并从理性的角度，合理地假设事情应该如何运作。

在这次会面中，他也在反思后表示，尽管这些计划制订得合情合理，看起来能够行之有效，促使他"迈出了改革的第一步"，并且"对于项目管理来说，这是个很不错的思路，因为它可以带来切实可见的成果，但在赢得民心方面的表现却差强人意"。事后看来，在取得一些初步的改革成就之后，他本可以在某些方面做得更多，与人们分享他的愿景和行动，与民众建立情感层面的共鸣和联系，然后再推进下一步的改革，但他却后悔表示自己没能做到。

同样，我与马特·波普赛尔（Matt Poepsel）[①]博士的谈话，也提供了一些有趣的观点。他先服役于海军陆战队员，退役后转业成了一个普通人，之后又转型成为领导力培训师。他在谈话中论述了在这三重身份的转变过程中，影响力发挥的作用。

[①] 美国高明网络公司副总裁。——译者注

第一部分 领导力是什么

在军事环境下，人们对领导力的理解，往往是指挥和控制，聚焦于任务的完成。退役成为普通公民之后，他的第一份工作是产品部的经理，但他对下属的工程师、销售人员或营销人员没有直接的控制权。他不得不开始学习如何间接领导或施加影响力，这比军事命令式的领导要难得多，但这种转变对成功而言至关重要。

在商业环境下，尤其是涉及领导力时，不具备强制控制权的影响力主要是指一种建立在可信度和相互信任基础上的内部机制。通过这个机制，领导者可以得到企业组织内关键利益相关者的支持。

就领导力而言，领导力和影响力有着一些差异化的内涵。然而，没有哪个领导者可以在真空中进行领导，每位领导者都需要掌握对他人施加影响的技能，只有这样，领导者制定的愿景才有望实现。

在商业世界中，越来越多的人将不涉及强制性命令的间接影响力，视为领导者在当今矩阵式企业组织中需具备的重要素质。几乎所有的领导者都经历过类似的情况：企业能否取得成功，取决于企业组织中成员是否能协同合作，而领导者几乎不具备正式命令他们的权力。领导者学会在无法直接下命令的情况下，能否施加行之有效的影响力，将直接决定商业活动各个方面的成败。而这些旨在施加影响力的举措能否成功，尤其是在企业遭遇不确定的时期或变革期，几乎就直接决定了领导者个人职业生涯能否更进一步以及企业的业务能否成功。

亚里士多德的劝说模式

首先,我们要认识到,影响或说服他人的能力一向很重要,且并不是什么新鲜事物。事实上,早在2 400年前,亚里士多德就已经思考过说服力的问题。在其著作《修辞学》(*Rhetorica*)中,亚里士多德提出了这样一个框架,即一个观点在三个不同但不可分割的维度上应用时,会更具说服力:

· 理性诉求(logos):诉诸逻辑,讲究连贯性、结构、事实、统计、研究;

· 人品诉求(ethos):诉诸信誉,讲究声誉、可信度、存在感、信心;

· 情感诉求(pathos):诉诸情感,通过幽默、隐喻、框架、图像、讲故事等方式。

很多拥有技术背景的人,当然也包括我自己在内,在试图施加影响或推动变革时,往往会下意识地聚焦于事实、逻辑和统计数据等。我们总是习惯性地认为,企业组织应该总是选择基于事实和数据的"正确决定"。让自己成为正确的一方,乃人之天性,而事实证明我们的确做出了正确的选择和决策时,我们会认为自己非常高效,且无比重要。但很多时候,当正确的答案对我们来说似乎显而易见,但对其他人而言却难以接受时,我们就会倍感挫折或灰心丧气。而事情在其他人以不同的方式,提出了与我们同样的想法后才得以推进时,挫败感就更明显了。

第一部分　领导力是什么

一旦开始反思那些自己没能影响他人的行动或决策的经历，你或许就会认识到，自己缺乏的往往不是技术专长，或是正确的逻辑，而是你在企业组织中的信誉。如果你是团队的底层成员或初来乍到的新成员，或者出于某种原因，被其他成员视为"局外人"，那么信誉的缺乏，可能就是导致你身为领导者，无法有效施加影响力的关键原因。

在一起探讨影响力与领导力的异同时，诺维（NOVI）实验室的总裁斯科特·麦克泰尔（Scott McEntyre）与我分享了他的想法："在担任当前这个职务之前，我在诺贝尔能源公司（Noble Energy）担任了15—20年的技术职务，我真的非常强调做正确的事、获得正确的答案。当我开始转变为一名领导者时，我意识到仅仅确保正确性是远远不够的，你还必须建立共识，你必须让人们相信你是对的……这就是我的新发现。领导者需要从确保自己的正确性，转向通过团队合作的方式，提供正确的答案，这才是获得成功的必要前提。"

即使是创建共识，也需要领导者先努力与团队建立信任和可信度。否则，整个团队很可能会整日忙于处理内部摩擦和冲突，而不是齐心协力地朝着一个共同的愿景向前推进工作。

在一家企业组织中建立可信度需要什么？领导的公信力主要由两部分组成：自身过硬的专业知识和来自团队成员的信任。尽管专业知识是可信度的基础，但它只是必要的条件，而不是充分条件。没有信任，领导者的专业知识根本不会为他人或组织所接受，因为信任是所有人际关系的助推器和大前提。

关于如何建立信任，没有万能的方法，但我想要强调两点：

文化差异性和真实性。在不同的文化中，人们生而具备的内在信任水平存在很大的差异。在一些文化中，人们更倾向于自然而然地相信你，除非后来有事实证明你不值得被信任，但在另一些文化中，在你证明值得被信任之前，他们不会给予任何信任。在全球商业环境中，保持真实性，进行公开透明的对话，以避免产生误解或不合时宜的期望才是审慎的做法。

亚里士多德劝说框架的第三个组成部分是情感诉求。尽管在社交媒体等虚拟的网络世界中，创造情感层面的联系可能是成为有影响力之人的关键驱动力，但商业世界的运作法则有所不同。想要与你试图影响的对象建立情感层面的联系，你需要花时间和精力去了解他们亟待解决的优先事项和关切点。因为你越是能够理解他们的情感诉求，就越有可能通过选择适合的信息传递框架和方式，建立起彼此的情感联系。这并不是一种心理操纵，而是旨在以一种能够与对方产生共鸣的方式，进行有意识的沟通。

我想要强调的一点是，情感诉求还包括了倾听对方的能力。正是通过这些情感上的联系，互动的双方可以创造清晰的认识、获得关键的洞察力，并发掘出真正的真相。对于有技术背景的人，或在工作中需接触不同文化的人来说，这种技能并不总是与生俱来的，我们必须有意识地培养这些技能，使其成为自己的竞争优势。

尽管听起来可能有悖常理，但商业领域的领导者，的确可能从政治家用于竞选或执政的一些技能中受益，尤其是当今的商业环境越来越关注环境、社会和公司治理（ESG），以及需要与员工和更广泛的社会群体保持联系的情况下。

埃克森美孚化工技术部前副总裁威尔·科里奥利（Will Cirioli）在接受佛罗里达大学的一次采访时分享了他的观点："对于拥有工科背景的人，很多时候会错误地认为只要自己是正确的，其他人会自然而然地理解。自认为优越的逻辑会占上风。但事实并非如此，所以我认为，即使有着工科背景，领导者也必须在这个过程中，学习施加影响力的各类技巧。而且领导者还需要学会从不同的角度看问题。鉴于担任领导者的时间越长，我们就越是倾向于将任务分配给其他人完成，那么关键就是要学会从别人的角度来理解事情，这就需要大量的积极倾听。"（Herbert Wertheim，2012）

在宏观层面上，数字技术和信息传输技术的飞速发展，将继续为未来的工作创造更多的选择性和灵活性，并因此促使更多的年轻一代，远离命令和控制类型的工作环境。在职场上，他们希望获得个性和灵活性，但同时也希望建立人际联系，获得他人的启发和激励。权力正在逐渐转移到那些能够组织人员和说服他人的人身上，这才能够确保企业的胜利。为此，未来的领导力，将越来越取决于一个人施加影响和说服他人的能力。领导者必须确保员工能感受到他们与公司的目标和愿景的关联性，以及彼此之间的关联性。

亚里士多德的理性诉求、人品诉求和情感诉求三大框架，为领导者在组织中发展影响力提供了一个清晰且易于应用的框架。通过实践和思考，我们都可以从中学习，成长为合格的领袖。亚里士多德给出一个精辟的总结："我们重复的行为造就了我们，因此卓越不是一种行为，而是一种习惯。"

领导力的双圆理论

如果你想要在职场上施加影响力，就必须首先有意识地确定自己的影响范围，以推动企业组织的成功，引领个人职业生涯的发展。在此，我想与诸位分享一个简单的心理框架，我将其称为"领导力的双圆理论"。多年来，我曾向很多初入职场的新人传播过这个理论，并取得了良好的效果。

无论你现在处于人生的哪个阶段，无论你以什么为生，每个人都拥有一份划定了职责范围的工作。每一份工作都会附加一个工作描述，有些以白纸黑字的方式明确地写了出来，有些则表现为职场上的各类默认规则。我将这些职责范围称为"小圈子"。相对应地，我们也知道有许多事情是明确地超出我们职权范围的，这些是在"小圈子"之外的空间。在理想的情况下，工作职责内和职责外的界限，会得到清楚的界定。然而，在现实世界中，这两个圆圈并不总有清楚的界线。在一份工作的职责范围得到了很好的界定时，二者的差距会很小，但如果工作的职责范围没有界定好，那么二者之间的差距可能非常大。无论在什么情况下，你如何处理二者之间的差距，就直接决定了你职业生涯的成败。

你当然可以选择专注于小圈子的任务，完成好单位规定的工作职责范围内的各项职责。在小圈子内表现良好，将帮助你在企业组织中建立个人信誉。然而，仅仅专注于完成小圈子界

第一部分 领导力是什么

定的"分内事",你就很难跳出圈层,成为领导者。反过来讲,你也知道你是不允许在小圈子之外去冒险或探索的,因为那已经超出了你的权限。

如果你想要出人头地,成为领导者,就必须积极主动地定义、领导、推动这两个圈子之间的活动,充分展示个人的领导力。初入职场的萌新员工经常犯的一个错误是,他们害怕在自己的小圈子之外主动出击,即使他们有能力和意愿来执行位于两个圈子之间的中间任务,也总是选择先等待上级的指示或请求上级的允许。而正确的方法,往往意味着下属员工要主动与他们的上级管理者接触,或者干脆主动去执行任务。

小圈子和大圈子之间的空间,也是领导人能够最大限度发挥灵活性的地方,灵活地决定要优先考虑哪些问题。例如,越来越多的人正在寻求方法,希望对社会面临的一些最严峻的问题,如环境、不平等和贫困等问题,施加更有意义的影响。利用中间空间为这些目标而努力的员工,特别是在具有真正使命感的企业的鼓励下,可以获得一种授权感,并相信自己能够真正有所作为。

我们可以在任何情况下展示自身的领导力,但两个圈子的中间地带是最好的地方,它迫使领导者拓展自己的能力、学习新的技能、积累个人的信誉,并扩大自己的影响范围。

总之,如果你想带领手下的团队,在日益复杂的世界中茁壮成长,就得明白权力已经从传统的等级制度,转向网络状的人际关系结构,因此领导者也必须转变个人的领导思维和技能组合。在工作场所或更广泛的世界中,具备不通过强制性权威的方式，向他人施加影响力的能力，成为领导者们必备的一项基本的技能。

启示

> 对于那些在职场或更广泛的社会中寻求施加有意义的影响的、有抱负的领导者来说，他们必须转变和升级自身的领导思维和技能组合。虽然传统的领导力培养方法，倾向于关注在管理层阶梯上的晋升，但当前的商业环境，要求有抱负的领导者，能有意识地明确自己将在何处，以及以何种方式影响他人。

领导力练习

> 使用"领导力的双圆理论"确定你的职责范围。确定在两个圈子之间的中间地带中你可以施加影响力的两个领域，并使用亚里士多德的劝说框架，制定一个影响力战略，以及以劝说框架的三个方面为挈领，写下具体的实施方法。

第五章

成功总是千姿百态

成功就是不断失败却不失信心。

——温斯顿·丘吉尔（Winston Churchill）

以青少年射击手的身份出道的马修·埃蒙斯（Matthew Emmons）①，刚出道就赢得了多项世界射击锦标赛，创造了五十米步枪项目的世界纪录。在2004年雅典奥运会首次亮相时，尽管因为精确调校的步枪在赛前遭到严重损坏，而不得不使用临时借来的步枪，但他仍赢得了卧姿射击金牌。然而，在两天后的三姿赛②中，幸运女神没再眷顾他。比赛前期，他一直处于领先地位，直到最后一枪意外丢靶，莫名其妙地瞄准了另一位参赛选手的靶子，打出了最后一发子弹。这个荒谬的失误，不仅导致他与金牌失之交臂，而且直接导致他以最后一名（第八名）的成绩遗憾地结束了奥运之旅（NBC Sports，2019）。

幸运的是，或者说对埃蒙斯来说，不幸的是，这并不是故事的结局。

---

① 马修·埃蒙斯于1981年4月5日出生于美国新泽西州芒特霍利，美国射击名将，已退役。——译者注

② 三姿赛是指射击比赛中有卧姿、跪姿、立姿三种姿势的射击比赛。——译者注

在 2008 年北京奥运会上,他在卧姿赛中赢得了一枚银牌。在三姿赛中,埃蒙斯再次展示了他的出色技巧,在倒数第二轮领先了足足 3.3 环,形成了压倒性的优势。只剩最后一枪,他只需要在 10.9 环中,打出 6.7 环的成绩,就可以轻松地将金牌收入囊中。然而,他的手指再次"抽风",过早地扣动了扳机。他最后一枪仅打出 4.4 环,不仅再一次与金牌失之交臂,还跌至排名榜第四位,与奖牌无缘。

在赛后的采访中,他表示:"人生苦短,我不能总是沉湎于过去的失败。因为我已经不可能改变过去的结果,我只能向前看。"

他确实在向前迈进。

他于 2010 年 8 月战胜了甲状腺癌,成功入选了 2012 年美国奥运会队伍,并在三姿射击项目中获得了铜牌。

提起埃蒙斯,有些人永远只记得,他是一个因失误而错失两块奥运金牌的"倒霉蛋",但他提醒自己,自己是"赢过各种颜色的奥运奖牌的人"!

人们往往更喜欢庆祝成功,但却不太愿意分享或谈论失败。事实上,除非你没有任何事业、竞赛或人际关系方面的追求或尝试,才可能百分百地避免失败。如果埃蒙斯没有选择参加奥运会,那么人们对他的记忆,将是世界射击冠军和 50 米步枪射击项目的世界纪录保持者,但他可能因此错失了宝贵的奥运征战经历。我们不妨学着将失败和成功,都看成一个人拥有足够的勇气,去承担可能会出现的各种风险和失败,但仍愿意积极地参与这个世界上各个领域的各类活动。无论成败,我们都可以为自己的尝试和取得的成就感到自豪。

文森特·梵高 VS. 巴勃罗·鲁伊斯·毕加索

在完全不同于商业的艺术世界里，不管你依据什么评价标准，文森特·梵高（Vincent Van Gogh）和巴勃罗·鲁伊斯·毕加索（Pablo Ruiz Picasso）都是西方艺术史上当之无愧的最具影响力的两位大师，然而他们的成功，有着完全不同的轨迹。

2019年，我在北京看了《毕加索：一个天才的诞生》（*Picasso: Birth of a Genius*）展览。巴勃罗·鲁伊斯·毕加索（1881—1973年）可能是20世纪艺术史上最重要的人物。展览回溯了这位非凡艺术家的人生旅程，他漫长的艺术生涯跨越了古典和现代世界。展览还回溯了这位少年天才是如何在16岁时，就以其创造性的《科学和慈善》（*Science and Charity*）绘画，在马德里的美术展上赢得了全国的赞誉，惊艳了大众。

然而，毕加索对古典艺术表现方式的关注，仅仅持续了非常短暂的时间，从马德里美术学院毕业后，他就转变了艺术风格。再后来，毕加索不仅成功地吸收了古典艺术的精华，还并蓄了同时期艺术家最新的艺术表现方式，成功地创造出全新的艺术形式，彻底地改变了现代艺术的发展轨迹。毕加索是一个狂热的创新者，其作品最突出的特点，就是其独有的、完全原创的艺术风格。1907—1908年，毕加索处于立体主义这种全新艺术风格的前沿。在后续的艺术生涯中，他仍不断地完善立体主义，这种风格在毕加索一生的艺术创作中都十分突出。

毕加索的职业生涯横跨了近80年，在绘画、雕塑、陶瓷、诗歌、舞台设计和写作方面都颇有建树，因此他不断地试验和创新自己的艺术创作技艺和风格，也是意料之中的事。然而，他的风格在每个领域中的变化程度，特别是在绘画方面，与其他任何艺术家都不同。真正令人惊叹的是，毕加索一生中从未停止过对自己的重塑。

毕加索毕生都在追求新的探索和实验，关于自己的成功哲学，毕加索是这样解释的："成功是危险的，因为人们开始模仿自己，而模仿自己比模仿别人更加危险。因为这样做将毫无结果。"

虽然创造或发展一种独特的风格，可能是艺术领域最至高无上的成功，但毕加索对艺术风格的看法却与众不同。他表示："究其根本，我也许是一个没有风格的画家。因为风格往往是将画家长年累月地锁定在同样的视野、同样的技巧、同样的创作公式中，有时甚至一生都是如此……我自己变化太多，移动太快。当你看到我在这里时，我可能已经改变了，已经到了别的地方。我从来不固定在一个地方，这就是为什么我觉得自己没有所谓的风格。"

在当今这个快速变化的动态世界里，我们可以从毕加索身上学到很多关于成功的启示。随着技术不断地被重新定义和改变我们与世界互动的方式，所有人都可以接受毕加索的启发，主动去尝试新的想法，并做好自我调整。在一个压力倍增的世界中跟上节奏，意味着我们需要确保自己不会自满地沉浸于短期的成功中。相反地，我们不仅需要继续学习，有时候还需要

第一部分　领导力是什么

学会无视既定的游戏规则，选择逆流而上，走出与众不同的道路。

与毕加索的艺术人生形成鲜明对照的则是文森特·梵高。2021年的劳动节，我同家人一起参观了亚特兰大梵高沉浸式体验馆。该展览通过现代数字技术，探索了梵高的作品，这无疑是一次相当令人惊叹的冒险尝试。数字技术使这些画作以一种难以想象的方式"活"了过来，给观众留下了难以言喻的震撼。然而，更重要的是，我从这次展览中，了解到关于文森特·梵高人生旅程的更多细节。

在参观过程中，观众有机会按照梵高想象的方式，走进《罗纳河上的星夜》(*Starry Night Over the Rhone*)；看到十几种不同的插花花瓶（相信梵高在作画之前，肯定也这样反复调整和实验过）；站在梵高位于阿尔勒的卧室里，体验梵高在不同环境中的想象，或者观看梵高描摹过的那一片向日葵花田。此外，展览还以三维的立体形式，再现了梵高的《花魁》(*Courtesan*)，让观众体验梵高曾经想象过的日本浮世绘［仿日本浮世绘画家溪斋英泉（Kaisei Eisen）的画作风格］。最后看到了法国研究人员在2020年发现的一节真实存在的树根。它就是梵高在1890年7月29日饮弹自尽的前两天，创作的最后一幅画作《树根》(*Tree Roots*)的原型。

此次展览不仅展示了梵高的一生，还介绍了他一些最具代表性画作的灵感发源地，其中包括《夜间咖啡馆》(*Café Terrace at Night*)和《星月夜》(*The Starry Night*)，还让观众有机会亲身体验梵高创作出一些最具代表性画作的过程，包括

《向日葵》(*Sunflowers*)和《花与花瓶》(*Vase with Flowers*)。

文森特·梵高堪称有史以来最具影响力的艺术家之一,然而他一生都在默默无闻中挣扎,生前从未能以画家的身份扬名立万。他在世时只卖出了一幅画,即《红色葡萄园》(*The Red Vineyard*),于去世前7个月以400法郎的价格售出。在成为艺术家之前,年轻时的文森特·梵高也曾徒劳地尝试过许多其他职业,先是在伦敦当艺术品商人,然后在英国短暂地当学校教师,最后回到荷兰在一家书店工作。他也曾试图成为基督教的牧师,但没有成功。一次次的失败、一次次的失望,是贯穿梵高一生的主题。

作为艺术家的文森特·梵高,在其有生之年从来都不知道自己在艺术上的伟大成就,能够带来多么令人惊叹的名利。反过来看,无人赏识,没有接到定制绘画订单的事实,或许也给了他探索和实验的自由,最终驱动了他在艺术领域的伟大成就。

当我们钦佩梵高为人类留下的影响深远的遗产,让人们在他去世后的130年里,让未来的子孙后代也能一睹其风采时,他的人生故事也让我充满好奇。"事业上的成功,到底意味着什么?"对一些人来说,失败并不意味着你是一个失败者,它只是意味着你还没有成功。对另一些人来说,决定一个人职业生涯成败的东西,并不是你取得了什么成就,而是你克服了什么困难。尽管他生前不知道,但文森特·梵高同时经历了两者,既克服了各种艰辛,又取得了非凡的成就。但可悲的是,在他终于无法忍受多年的抑郁和贫困而自杀之前,这个世界并没有欣赏和意识到他在艺术领域的伟大成就。由此可见，生活往往以神秘和神奇的方式展开，无人可以提前预测，我们只能在它出现的时候，拥抱命运的安排。

毕加索一生也拥有探索和实验的自由，但至少有一部分自由得益于他的名气和成功。相较之下，文森特·梵高也找到了他的自由，但部分原因是他这一生的穷困潦倒和挣扎。

你的成功，只能由你自己来定义

对不同的人而言，领导力可能有着不同的定义。许多人将其视为事业成功的必要前提，然而梵高和毕加索的人生故事也说明了事业成功的定义或许也存在巨大的差别。因此，因为成功的定义不同，成功所需的领导力素质，可能也会截然不同。

究其本质，你需要知道自己为什么对领导力感兴趣。你想成为一名领导，是因为这个身份，让你能够追求自己想要追求的东西，还是说这是实现职场成功的必经之路？你想成为一名领导者，是因为你想要对企业组织的任务施加更大的影响力吗，还是说成为一名领导者，会令你感到更快乐，能更好地享受生活？

到了人生的特定阶段，我们可能会找到人生的意义和自身存在的价值。我相信每个人来到这世上，都肩负着一个使命、一个目标、一个这一生中必须完成的工作任务。有些人在成长过程中，很早就找到了人生的目标和价值，而有些人则可能需要经历一段挣扎而迷茫的时期。

我与"第二天"(Second Day)组织的联合创始人菲利普·迪林(Philip Dearing)的谈话,进一步论述和强调了这个观点。"第二天"的成立,就是为了弥补社会影响力方面人才的不足。菲尔与我分享了该组织的目标是如何与他个人的人生目标保持一致的。

菲尔从小加入了密苏里州的卫理公会,成了一名虔诚的基督徒。在高中时,他开始领导一些教会的慈善活动,如帮助修复被风暴破坏的房屋,或帮助美国原住民改善住房和生活条件。这些早期的活动,让他看到并体验到所有人都齐心协力地为"厚德至善"而努力,能够带来力量和动力,这也极大地激励了他未来人生的发展路径。

同时,他也意识到,自己一天能敲多少颗钉子并不重要,"如果我可以发表演讲,激励其他200人积极工作,提升他们5%或10%的努力程度,那收获的结果,将远远超过我自己竭尽全力能够取得的成就,所以这个概念在高中时就已经真正内化到了我身上,成了我个性的一部分,并在我的大学生活中持续发挥作用"。菲尔在大学时成立了一个社区服务小组,帮助激励其他乔治城大学的学生,使他们在大学期间更容易接受和获得志愿者服务。然而,在试图搞清楚有哪些职业选择,以及如何开启一份社会公益事业时,他依然感到孤独和迷茫。

两年前,他与"第二天"的共同创始人一起创立了这个组织,致力于输出社会影响力方面的人才。"第二天"这个名字来自马克·吐温(Mark Twain)的一句话:"你生命中最重要的两

第一部分 领导力是什么

天,是你出生的那天和你发现人生目标的那天。"年轻一代对参与社会影响的呼声越来越高,但要找到能够施加社会影响的职业机会,从来都不是一件容易的事情。人才缺口指的是这样一种现状:60%的千禧一代声称,社会使命是他们职业生涯的一个重要组成部分,但只有20%的人通过各自的能力为这个行业真正做出了贡献。他们希望找出这一差距背后的根源,并通过释放更多致力于解决社会最复杂挑战的高潜力人才的能力来缩小差距。

成功可以指一个人创造的影响,但也可以是自我发现。

对于30年前出生的人来说,《纯真年代》(The Wonder Years)①是20世纪80年代末的20部最佳电视节目之一。它描述了20世纪60年代末动荡的社会时期,那一代的孩子长大成人的故事。这部电视剧在2016年被《滚石》(Rolling Stone)杂志列为有史以来最伟大的100部电视节目之一(Sheffield, 2016)。在剧中扮演温妮·库珀(Winnie Cooper)的丹妮卡·麦凯拉(Danica McKellar)是该剧的主要人物之一,显然取得了巨大的成功。然而,她最终离开了演艺圈,转而寻求数学领域的发展。她后来写了11本关于数学的非小说类书籍。在最近的一次采访

---

① 《纯真年代》是美国20世纪80年代家喻户晓的经典剧集并同时荣获当年艾美奖最佳导演和剧本和金球奖最佳剧集。该片的故事背景设在美国20世纪60年代,讲述一个叫凯文(Kevin)的男孩对其个人成长的回忆,从童年一直到青少年,他会体验每个男孩都会有的成长经历,比如他的初恋、朋友、他对家人的理解和他对社会的理解。可以说该剧不仅是一个小男孩的成长史,也是对于美国20世纪60年代种种文化现象的反映,比如嬉皮士、毒品、性解放、摇滚乐、反战、越战、女权等,该剧通过一个小男孩的视角去理解和展现这些文化现象,有趣又不失批判性。
——译者注

中（Garvey，2022），她解释了自己为什么选择职业转型。当她在加州大学洛杉矶分校上学时，无论走到哪里，她都会碰到那些会冲着她大喊"嘿，温妮"的人。给出转型理由之后，她还阐述了自己如何需要弄清楚自身的价值所在："我需要找出自己在温妮·库珀之外的价值。数学研究很有挑战性，我很擅长，也很喜欢研究数学，因为在这个领域，我的价值以及对我来说重要的东西，与我的长相或电视节目没有任何关系。"

你很可能每天都在向其他人介绍自己，但却没有思考过这些介绍的重要性。在我退休之后，这些自我介绍反而变得更有趣，或更令人痛苦了。如果你尝试过本书第三章结尾处的领导力练习，在介绍自己时不提及自己的职业或头衔，这将迫使你真正地思考自己到底是谁，以及你最看重自己身上的什么东西。即使是在专业场合正式地介绍自己，你对自己的描述，也将有意或无意地向对方传递一个与众不同的信号，即对方应该重视的是你的专业知识、责任，还是你的资历和头衔。以下面的自我介绍为例：

- "我是 X 公司产品团队的成员。"
- "我负责 Y 业务线的产品设计。"
- "我是 X 公司的产品设计部高级总监。"

我在本书中提供了一个关于自我发现的特殊案例。为此，我专门采访了克洛蒂尔德·博罗尔德（Clotilde Bouaoud）博士。她是一位科学家，拥有物理化学博士学位，同时在商业领域也有着丰富的经验。当她发现"科学并没有给我带来人生目标"时，她尝试了钢管舞、健身、马戏团和空中运动等丰富的活动，试图找到自己的人生定位和目标，直到最后她决定创业，并追随她新发现的目标，在2021年成为一名得到官方认证的高绩效导师，帮助国际企业家和领导人，找到专业和个人可持续高绩效的关键，使他们能够在享受最佳生活质量的同时，为这个世界做出他们想要的贡献。她最近在领英网站上发布了一段视频，并提供建议道："每一天，我相信每个人都应该问自己，我怎样才能更享受自己的人生？我怎样才能让今天的工作变得精彩？"而她给别人的建议是，跟随那些能够激励你的事物，听从你内心的直觉，无论别人怎么想，都要坚持自己的方向，不管在哪个领域，都要为自己的幸福而奋斗。

人生往往是变幻莫测的，总是想要得偿所愿是不切实际的，每个人只会得到命运早已安排好的馈赠。然而，你必须要知道自己想要什么，什么对你而言很重要，以及作为一名领导者，成功对你而言意味着什么。只有这样，你才能规划自己的道路，做出有明确目标的决定，并以领导者的身份做出选择，即什么时候需要咬牙坚持，而什么时候需要学会优雅地放手。领导力的魅力在于，一个人不需要有任何正式的头衔，或在组织机构中担任特定的职位，也可以成为具备影响力的领袖人物。这是因为人们追随领导者，是因为折服于他们的价值观、愿景、目标和灵感，而不是由于某个单位授予的头衔。

启示

你不应该让社会来定义你自己对成功的理解,因为这个世界上最糟糕的事情,就是浪费自己的生命去追求别人设定的目标。当然,在生活或事业中,你不一定总是得到自己想要的东西,但你必须知道自己身为领导者想要什么,什么对你很重要,以及成功对你来说意味着什么?作为一位领导者,只有这样,你才能够做出符合人生目标的决定。

领导力练习

在这项练习中,请写出短期和长期成功对你分别意味着什么,并思考如何去衡量成功。然后扪心自问,为什么你做出了这样的选择?在你看来,成功的意义在于过程本身,还是最终的目的地?

第二部分

伟大的领导者
该做些什么

第六章

清晰的愿景帮助领导者明确重点

> 最大的失败不是我们把目标定得太高，而与之失之交臂，往往是因为把目标定得太低，成功之后沾沾自喜，苟且于其。
>
> ——米开朗基罗（Michelangelo）

在苏联人造卫星"伴侣号"（Sputnik）^①成功发射的四年后，并在苏联宇航员尤里·加加林（Yuri Gagarin）成为第一位太空访客的一个月后，美国总统约翰·F. 肯尼迪（John F. Kennedy）于 1961 年 5 月 25 日在国会特别联席会议上宣布了一个令人震惊的、野心勃勃的目标：在 20 世纪末之前，将一个美国人安全送上月球。对美国而言，这是一个极具挑战性的承诺。一年后的 1962 年 9 月 12 日，肯尼迪总统在莱斯大学（Rice University）对大约 4 万名观众发表了下面这段后来被广泛引用的讲话：

---

① 苏联发射的人类第一颗人造卫星。这颗卫星于 1957 年 10 月 4 日由苏联的 R7 火箭在拜科努尔航天基地发射升空。它的成功发射在政治、军事、技术、科学领域带来了新的发展，也标志着人类航天时代的到来，也直接促进了美国和苏联的航天技术竞赛。——译者注

"我们决定在这10年间登上月球,并且完成其他类似的事情……不是因为它们轻而易举,而是因为它们困难重重,因为这个目标将促使我们形成最优秀的组织,并检验我们最顶尖的技术和力量,因为这个挑战是我们乐于接受的,因为这个挑战是我们不愿意推迟的,因为这个挑战是我们志在必得的,对于其他的挑战也是一样。"

根据威斯康星大学密尔沃基分校传播学教授约翰·W. 乔丹（John W. Jordan）的说法,肯尼迪在激励国家的演讲中,使用了"将外太空定性为一个呼吁美国人去探索的全新边疆,将实现目标的期限定位为一个具有紧迫性和可信性的历史时刻"（Jordan,2003）。

在这次演讲中,肯尼迪不仅提出了登月这个伟大的愿景,还设定了一个具体、有时限性、可衡量的目标。之所以将登月设定为一个十年计划,并不是因为当时的科学家都将其视为一个可实现的目标,而是因为当时的美国需要在太空竞赛中"追赶或超越"其对手苏联。

同样地,企业和组织机构经常会制定自身的愿景和使命宣言。组织的使命宣言,定义了其业务、目标以及实现这些既定目标的方法手段。愿景宣言则描述了企业或组织机构未来期望达成的理想状态。

这些使命宣言必须既包括激励组织的愿景,也包括具体的目标,以确保组织机构能够衡量实际的进展,并实现目标。当组织机构只设定了一个崇高的愿景,而缺乏具体的、可衡量的

第二部分 伟大的领导者该做些什么

和有时限的目标时，它就很难将这个愿景转化为实际行动，并推动整个组织上下齐心协力地朝着愿景努力。反过来看，假如组织机构仅仅设定了具体的目标，如财务指标，而没有长期愿景的激励，那么组织上下可能缺乏足够的激励和驱动力去追求长期的成功。

再举一个来自其他领域的案例：我在2021年10月13日参加了美国亚洲协会（Asia Society）的晚宴活动，美国前国防部长罗伯特·盖茨（Robert Gates）博士在晚宴上就阿富汗战争发表了以下看法。这次活动是为了表彰盖茨博士对国家的贡献——他被视为美国有史以来最伟大的一名公职人员。但晚宴举办之际，恰逢美国撤军，美国援助的阿富汗机构在撤军后迅速崩溃了。在他漫长而杰出的职业生涯中，曾为8位不同总统效力，但成功地避免了党派之间的摩擦和纷争，并担任了乔治·W. 布什（George W. Bush）总统和巴拉克·奥巴马（Barack Obama）总统政府的国防部长。

> 我们（在阿富汗）建立的军队遵循了美军和美国供应链的模式，而没有打造一支在美国撤军后可以自给自足的军队。在阿富汗人民亟须可提供清洁水资源的水井和医疗设施时，美军却在根本不知道是否会有教师的情况下，修建了大量的学校。

盖茨分享了他对美国在阿富汗冲突中犯下的错误和学到的教训的一些看法，例如美国没有从阿富汗的角度看待这场战争；

未能与阿富汗当地社会合作。换句话说，美国为阿富汗的未来创造了一个愿景，但这个愿景从未真正地获得阿富汗人民的认同。尽管这只是他个人的一家之言，但从一个国家的角度考虑，美国需要认真地考虑和反思这样的观点。

喀布尔（阿富汗首都）的戏剧性沦陷，再加上以美国为首的西方社会重塑阿富汗的近 20 年努力的迅速崩溃，让许多美国人感到震惊，但这个结局似乎也在意料之中。与这次事件中的美国一样，对于企业或任何其他类型的组织而言，拥有一个明确定义的愿景，并得到组织上下的一致认同，都同样重要。

在充满变革和不确定的时期，企业组织往往需要找到方法，围绕设定的目标和愿景，团结一切可以团结的力量。在不确定时期，政府并不是唯一需要明确其愿景的组织机构，企业领导人也必须用一个所有人都认同的目标，来激励组织上下的全体成员。

在 2022 年初写给员工的一封信中，谷歌首席执行官桑达尔·皮查伊（Sundar Pichai）论述了影响其他经济部门的不利因素，他指出，所有人都必须要保持更敏锐的关注和更强的迫切感。他在信中用了三个英文单词来描述这种情况，"稀缺性孕育着清晰性"（scarcity breeds clarity）。这个简短的表述，有效地阐明了变革和聚焦所需的紧迫性（Zetlin，2022）。

作为世界上最大的汽车企业之一，大众汽车（Volkswagen）[①]在过去几年中，一直面临着许多挑战，这在很大程度上是由于大众被爆出柴油发动机检测数据造假的丑闻。当时，大众汽车通过

[①] 世界 500 强企业之一。——译者注

第二部分 伟大的领导者该做些什么

安装软件,操纵排放测试来误导监管机构和客户。此外,来自电动汽车以及与其同样使用内燃机的传统车企的市场竞争加剧,也迫使大众不得不重新评估其整体战略。

与其他大多数传统的汽车制造商类似,在努力为核心业务提供服务的同时,进军电动汽车市场对大众而言并不容易。大众汽车2021年宣布,预计到2030年,其一半的销售额将来自电动汽车,到2040年,其在主要市场的新车几乎应该100%实现零排放。与此同时,埃隆·马斯克的特斯拉的估值已经超过了排名其后的五大汽车企业的总和,包括大众汽车在内。

为了刺激创新和激励大众的创新和研发,大众汽车首席执行官赫伯特·迪斯(Herbert Diess)邀请其主要竞争对手、特斯拉首席执行官埃隆·马斯克参加了由200名大众汽车企业高层管理人员出席的内部会议(Dow,2021)。据报道,这次会议的目标是劝说大众汽车的高管,积极参与大众汽车迫切需要推进的大规模变革。大众力图通过"加快决策速度、减少官僚作风、承担更多责任"来应对不断变化的汽车行业。会后,赫伯特·迪斯发表推文说:"在大众的总部沃尔夫斯堡,我们有了新的思维方式,开启了一场革命,大众一定可以在新的赛道上取得成功……在大众生死存亡的关键时刻,我们责任重大。"

由于全球竞争、未来工作的不确定性、不断变化发展的技术,特别是社会对企业在环境、社会和公司治理方面要有所作为的呼声越来越高,许多来自正在被颠覆的传统行业的人,可能十分认同赫伯特·迪斯的这些观点。

在更基本的商业层面上,这样的观点同样与只关注股东价值与利益相关者价值的商业战略相互关联、密不可分。1976年诺贝尔经济学奖获得者米尔顿·弗里德曼（Milton Friedman）的一篇文章，使"企业的唯一目的是为其股东赚钱"这一想法成为商业领域的主流思想。1997年美国商业圆桌会议（Business Roundtable）①的企业首席执行官发布的关于"将股东价值最大化作为企业的唯一目标"的政策声明，进一步巩固了这个概念在商界的地位。我记得沃顿商学院的经济学教授，也曾在课堂上解释说："'关注股东价值'是确保其他利益相关者的利益得到保障的最佳方式。"

在大多数人看来，企业存在的目标并不是解决社会问题。然而，对环境、社会和公司治理因素的关注，正日益推动这些非财务因素被纳入企业的分析过程，帮助企业在确定重大风险和增长机会的同时，确保自身的业务与社会目标接轨。企业越来越认识到，明确定义和沟通好它们自身的环境、社会和公司治理目标的必要性，这不仅是为了完成业务分析，或满足监管的要求，也是为了吸引、激励和留住下一代人才。

企业的员工，尤其是新生代员工，对企业提出了更高的要求。出生并成长于数字时代的新生代员工，往往具有更强的社会意识和环境责任感。根据世界经济论坛（World Economic Forum）发布的《2020年全球风险报告》（*The Global Risks Report*

---

① 商业圆桌会议是美国非常有影响力的商界组织，由近200位美国大公司的首席执行官组成。该团体近期发表了一份声明，摒弃了"企业的唯一目的是为股东创造价值"这一曾经被认为是天经地义的观念。声明认为，企业应该为所有利益相关者服务，除了股东还包括客户、员工、供应商以及企业所在的社区。

2020），年轻一代对环境问题表现出更多的关注，并将其列为短期和长期的首要风险（World Economic Forum，2020）。因此，千禧一代和Z世代的成员，更有可能将自己视为环境、社会和公司治理的利益相关者。因此，他们需要接受组织使命的挑战，并只有在企业的价值观与他们个人价值观更加一致的情况下，才会得到激励。

有些人可能认为，制定企业组织的愿景和使命仅仅是最高管理层的职责。而对于希望成为领导者的员工来说，几乎不具备施加影响力的机会或权力。实际上，无论规模大小，对你领导的任何组织机构或团队而言，设定一个明确的目标同样重要。如果你在一个大型组织机构内部领导一个小团队，那么就需要将组织的整体愿景，转化为你的团队能够产生共鸣、建立联系的具体内容。

最近，我与大卫·奥利文萨（David Olivencia）进行了一次谈话。他在芝加哥郊外出生和长大，由于他的家人来自波多黎各，他对西班牙裔社区一直有着很强的亲近感。他组织了一群志同道合、充满激情的人，一起成立了一个天使投资小组，旨在推动西班牙裔和拉丁裔的初创企业发展，为深耕不同行业、推动创新的诸多创始人和初创企业提供支持。这个天使投资小组的成员认识到，目前西班牙裔天使投资人仅占美国天使投资人总数的2.3%，而西班牙裔人口约占美国总人口的18.5%。于是他们设定了一项宏大愿景，即旨在缩小两个统计数据之间的差距，以支持西班牙裔社区的发展。他们强烈地感觉到，西班牙裔社区当前严重缺乏投资服务的现状，庞大的潜在市场和投资机会正蕴藏其中。现在，这家基金已经从一个初步的设想，发展到约有 100 名成员和 15 家企业的投资组合，其目标是在三年内将成员规模扩大到 175 名。

另外一个例子，则源自我个人的经验。拥有 14 亿人口的中国，对许多企业而言是一块相当重要的市场蛋糕。就中国本地员工而言，企业的跨国性质也是一个巨大的挑战，因为在决策权倾向于留在海外总部时，本地员工，特别是管理层的发展机会相对有限，尤其是在那些没有大量本地业务的跨国企业中。

2017—2020 年，我主持了埃克森美孚在中国投资的开发工作。虽然公司的总体业务目标是在中国开展更多业务，但许多本地团队成员对其自身的发展前景感到越发振奋。因为投资的开发，将自然而然地扩大业务范围，随着业务的发展，也将为本地员工创造更多的职业发展机会。尽管这两个目标是相辅相成的，但显然后者能够在更个人化的层面上，使本土员工与企业产生共鸣和联系。因此，当我们与中国本土员工和团队沟通项目时，我们会格外强调其中蕴含的职业晋升机会。因此，只要有可能，领导者就应该为自己的团队或组织机构，创造或定义一个符合整体愿景的身份，但同时要确保其表述，要转化到具体的层面，让真正参与其中的人产生联系感和认同感。

大多数的组织机构有一个战略规划的过程，它在决定组织的战略方向上发挥着应有的作用。然而，在一个不确定性日益加剧的时代和瞬息万变的环境中，领导者真正需要思考的是长期的愿景，而不仅仅是短期的战略规划。因为长期愿景明确了一个组织机构未来前进的方向。明确方向非常重要，因为只有明确的方向,才能够激励组织及其员工通过变革、适应、敏捷,做好应对市场快速变化的准备,求得生存和发展。

这些适用于组织机构的道理,也同样适用于每个人的人生规划。对自己生命中真正重要的东西有一个清晰的认识,也是一个人在成为领导者的旅程中取得成功的先决条件。

英国广播公司(BBC)最近报道了纽约大学行为科学家艾米丽·巴尔塞蒂斯(Emily Balcetis)博士的一项研究,她要求两组人在踝部负重的情况下,快速走到终点(Than,2021)。第一组是对照组,他们被要求像平时一样正常行走;第二组成员经训练后,在前进的过程中,眼睛始终只盯着终点线。在实验开始之前,巴尔塞蒂斯博士要求两组成员先估计起点到终点的距离。结果显示,第二组成员对终点线的预估,要比对照组近30%。实验结束后的进一步研究表明,第二组的速度也增加了23%。行走过程本身并没有什么变化,但视觉的聚焦点,改变了他们的心态和精神焦点,最终导致结果的差异。

这项研究的意义是:通过有意识地专注于一个清晰的长期愿景,有可能改变我们看世界的方式。

总之,清晰的长期愿景,不仅提供了一种目标感,而且还为组织的未来提供了一个高度聚焦的视角。一个经过深思熟虑、得到明确阐述的长期愿景,不仅能激励和鼓舞组织,而且能给员工注入兴奋感和情感,使他们尽自身最大的努力,去实现企业组织的目标。

联合国中国驻地协调员希达·查特吉(Siddharth Chatterjee)在领英网站上发布了一篇文章。他在文章中精辟地指出:"对企业来说，利润不应该来自给世界创造问题，而是来自解决这个世界存在的问题。"

启示

> 所有的领导者，无论你们在组织机构中的级别如何，都有责任为自己领导的组织制定一个长期愿景。一个深思熟虑后得出的长期愿景，可以支持更宏大的组织目标，同时也有助于指导团队完成日常任务。一个长期愿景可以提供明确的前进方向，这对于企业组织而言至关重要，因为它能够从个人和情感层面激励团队的努力和贡献。

领导力练习

> 为你身处的团队制定一份长期的愿景，确保它在激发团队成员共鸣的同时，符合组织机构的整体发展目标。

第七章

如何在短期逐利的世界里
　保持长期眼光

长期的成功需要信念——相信我们在计划和执行过程中的努力能够带来预期结果的信念。

——托尼·邓基（Tony Dungy）①

凯文·加内特（Kevin Garnett）在明尼苏达森林狼队（Minnesota Timberwolves）呆了12年，职业生涯虽说是成功的，但一直没能实现拿下NBA总冠军的终极目标。2007—2008年，他带领被称为"传奇的波士顿凯尔特人"（Boston Celtics）篮球队再创辉煌战绩，获得了自1986年以来的第一个NBA总冠军。然而，比加内特在球场上的领导地位更重要的是他在球场外对球队的影响力。尽管他在波士顿只打了六个赛季，但他成为凯尔特人队永恒的传说。加内特不仅要求前凯尔特人队友展示出色的能力，在离开球队近十年后，他在球队的更衣室里的影响力依然清晰可见。

当他在2022年的一场比赛前在更衣室探视时，他对球队的影响力就已经显现。当时凯尔特人队成功地打进了NBA总

---

① 印第安纳波利斯小马队的黑人主教练。——译者注

决赛（Leger，2022）。"相信你们都知道加内特的影响力，不管他做什么，都能够给我们带来能量，"凯尔特人队当前的主力之一，马库斯·斯玛特（Marcus Smart）说，"这就是加内特的特点，他竭尽全力打球，多年来努力工作，并以这种方式得到认可，这就是一切。"

篮球比赛的成败以球场上的输赢来决定，而NBA冠军则是篮球队员追求的最高目标。然而，球队领军人物的影响力，在比赛结束之后依然会持续很长时间。

尽管技术和逻辑分析学科飞速发展，正在为体育产业的发展带来前所未有的机遇，但颇具讽刺意味的是，没有任何指标或统计数据，能够真正地显示场外领导力影响的重要性。

同样地，当我们试图衡量企业或组织机构中的领导者，在交付短期成果和创造长期影响方面的领导力时，也是如此。季度收益和年度业绩可以用数字来衡量，而长期影响只能在时过境迁后才会显现。举个例子，商界关于通用电气（GE）前CEO杰克·韦尔奇（Jack Welch）的争论仍在持续，他曾被认为是"20世纪最杰出的商业领袖之一"。但他留下的成就和影响力，正受到越来越多人的质疑，不仅是因为他不近人情的管理风格，还因为他的战略决策导致了通用电气对资本的金融服务过度依赖，这为通用电气20年后遭遇的近乎灭顶之灾埋下了一些隐患（Stewart，2017；Hutchinson，2020）。

在我从埃克森美孚退休前的最后一个聘期内，我的一位经理经常谈到所谓的"两任总裁的考验"。这个考验指的是，埃克森美孚的管理层提出的所有方案，都需要通过连续两任未来

第二部分　伟大的领导者该做些什么

企业总裁的考验才可执行。因为只有那些能够在两任总裁之后，依然没有被毙掉的方案，才能真正证明它们的长期性和价值性。

许多企业，包括我服务多年的埃克森美孚，已经习惯了频繁地调动管理层人员，尤其是领导层的人员。正所谓新官上任三把火，每一位新上任的高管，出于各种原因，都会发起不同的变革。尽管从本质上看，变革对企业来说是一件好事，能够防止组织机构或企业变得因循守旧，但频繁的管理层人员变动也导致了一个问题，即如何让领导人员承担起对他们所做决定的责任。

在18世纪苏格兰启蒙运动中，亚当·斯密（Adam Smith）提出了"看不见的手"这一理论。该理论自此成为推动美国经济发展的基石，也将美国推向了世界经济实力的顶峰。亚当·斯密的"无形之手"理论和衍生而来的公司估值方法中，明显缺失了关于这个"无形之手"将如何快速发挥作用的相关论述。因此，领导人经常无法很好地在提供短期结果与施加长期影响二者之间保持平衡。

企业和组织的确需要制定长期愿景，培养强大、持久的企业文化，以确保可持续的成功。位于大阪的日本金刚组公司，号称是世界上最古老的公司，成立于公元578年。在1 500年后，这家公司仍然在使用古老的建筑设计和施工方法，经营同样的建筑业务（Edwards，2020）。尽管这是一个极其罕见的极端案例，但所有公司都需要有长期的愿景，以推动公司文化的建设，发展企业的经营能力，以确保长期可持续的成功。

日本招生规模最大的环球大学管理研究生院（GLOBIS）

的校长堀义人（Yoshihiko Takubo）发表了一篇文章，他将"客户至上、以人为本、尊重当地风俗、遵纪守法"视为许多日本公司能够长期存续的原因。堀义人在文章中总结道："世界上最古老的公司尊重的传统价值，往往被新生代公司无视，但这些传统价值的大部分内容，强调了对人的重视。"（Takubo，2022）

长寿公司模式的创造者阿里·德赫斯（Arie de Geus）提出了"学习型组织"这一革命性概念。他在 2002 年的著作《生命型组织：不确定时代的组织进化之道》（*The Living Company: Habits for Survival in a Turbulent Business Environment*）中，揭示了组织长期存续和繁荣发展的关键因素。他认为，"公司之所以死亡，是因为他们的管理者只关注商品生产和服务之类的经济活动，而忘记了组织的真正性质，是'由人组成的共同体'。"

在当前关于企业的价值，追求股东利益还是利益相关者利益的争辩喧嚣四起，美国的许多上市公司被迫以满足华尔街的季度盈利目标为经营标准，有时甚至要付出牺牲长期投资的代价。行业研究报告通常将标普 500 指数（S&P 500）公司的平均寿命下降（在 1935 年时约为 90 年，目前仅约为 17 年）归因于技术变革和市场变幻的速度（Handscomb and Thaker，2018；Hillenbrand et al.，2019）。然而，人们肯定想要知道，强调短期结果，或长期愿景而带来的不同领导文化，对企业的寿命将会产生什么样的影响。

企业的目标是不是长期的存续，还是说创造性的破坏被业界视为一个自然淘汰的过程,可以帮助企业有意识地瓦解既定的流程,为改进后的生产方法创造空间?就整个社会而言,通过创新的方式,颠覆和破坏的东西越多,社会就发展得越好,创新得到的奖励就越丰厚,整个社会层面以新换旧的迭代速度就越快。问题是,谁将成为幸存者?你想要成为那个被时代摧毁的人,还是想要在破坏的过程中,实现不断创新和重构?

在20世纪80年代中期,当日本公司开始制造质量更好、价格更低廉的存储芯片时,许多美国公司倒闭了,英特尔可能就是其中之一。英特尔的传奇首席执行官安迪·格鲁夫(Andy Grove)在《只有偏执狂才能生存》(*Only the Paranoid Survive*)一书中,把这种转变描述为战略拐点(Grove,1999)。

安迪·格鲁夫和戈登·摩尔(Gordon Moore)在2012年4月6日接受美国国家公共电台(NPR)的采访时,回忆了以下对话(Sydell,2012)。

> 格鲁夫表示,当时他和摩尔坐在公司的工位上,"员工围坐在一起……看着窗外,非常悲伤"。然后格鲁夫问了摩尔一个问题:"如果有人接管了英特尔,解雇了我们——新来的领导会怎么做?"
>
> 摩尔回答说:"彻底放弃存储芯片业务。"
>
> 格鲁夫同意了,他建议让他们成为那个做出退出存储芯片业务决策的人。

为此，他们一口气裁掉了超过 1/3 的员工，关闭了存储芯片工厂，但在退出存储芯片业务的同时，英特尔加强了一些一直以来被它视为副业的业务，即微处理器。接下来就是人尽皆知的传奇历史了：英特尔的业务在 2017 年达到了顶峰，占据了总值 850 亿美元的微处理器行业 82.5% 的市场份额。

有时候，颇为讽刺的是，对于公共或非营利组织来说，衡量或平衡长期愿景与短期结果的影响，甚至更加困难。

我仍记得，我在 2000 年初参加了美国格雷斯公司（W. R. Grace）的一次会议。会议由当时的首席执行官保罗·诺里斯（Paul Norris）先生和新任命的应用物理实验室（APL）总裁理查德·罗卡（Richard Roca）先生共同主持。应用物理实验室拥有 7 100 名员工，是美国最大的大学附属研究中心，旨在"为美国政府机构提供专业领域的深厚专业知识，以支持国家重点事项和技术发展计划的实施"。

在会议期间，罗卡先生提及了他新任职之后，为了明确应用物理实验室的使命或战略目标的挣扎。他必须应对的挑战是，从一个以创造和增长股东价值为主要目标的商业环境，过渡到像应用物理实验室这样的公共机构工作。在这里，组织的目标既不是价值的增长，也不是利润。

理查德·罗卡在 AT&T 贝尔公司（AT&T Bell）工作了 30 年，包括在著名的贝尔实验室担任副总裁，后来 2000 年到 2010 年，他在应用物理实验室担任了近 10 年的主任职务。根据我在本书调研过程中了解到的情况，理查德·罗卡先生在上任后的前 3 个月里，只是认真地倾听各方意见，而没有急于求

第二部分 伟大的领导者该做些什么

成地采取任何行动。他会见了资助者、项目经理、应用物理实验室管理层和员工。我参加的这场会议,显然是他计划中外联工作的一部分,因为美国格雷斯公司的总部离应用物理实验室非常近。就"应用物理实验室应该如何对其成功进行界定"这一问题,他听取了各方的见解。在我们的讨论中,他大声地表述了自己最近正在思考的问题,即企业总是在寻求利润的增长。应用物理实验室是否应该寻求传统领域以外的多元化发展?或者从根本上说,应用物理实验室应该如何定义和衡量其组织使命?

在充分征求了组织内部各阶层人员的意见之后,罗卡领导的团队一致认为:"应用物理实验室的成功,在于能否帮助资助者解决其面临的关键挑战,并做出重要的社会贡献"。距离那次会议,已经过去22年了,我最近再次查阅了应用物理实验室的网站,发现其网站首页上写着,该组织的使命是"为关键性挑战做出关键性贡献。在应用物理实验室,我们有责任,以奉献的精神和专业的知识,充分地帮助美国应对各类挑战"(Johns Hopkins Applied Physics Laboratory,2022)。

尽管以"达成某种使命"为标准衡量一个组织机构的成功与否非常主观,但应用物理实验室的目标,即"为关键性挑战做出关键性贡献",很快就在2001年9月11日经受了考验。为了应对恐怖袭击,应用物理实验室快速实施了诸多安全计划,并将工作重点扩大到更全面的、新出现的国家安全挑战层面。罗卡为实验室带来了全新的战略眼光和能力,通过为关键性挑战做出关键性的贡献,指导实验室度过了变幻莫测、动荡不已的10年。

事实上，罗卡在 20 年前帮助应用物理实验室确定的组织宗旨，在经历了"9·11 恐怖袭击事件"、2008 年金融危机和快速变化的全球环境的挑战后，至今仍保持不变，这也充分证明了领导力对组织长期文化的影响。

综上所述，长期目标是指对未来的规划，无论是对组织还是对个人都是如此。它们将使组织保持活力，使员工保持积极性，还将为领导层的决策提供方向。尽管我们没有一个放之四海而皆准的方法来明确定义长期影响，但无论是组织还是个人，都应该始终有一个努力的方向和重点，这样我们就可以清晰地知道，短期交付的成果是否与组织的长期目标保持了一致。

启示

对于任何有抱负的领导者来说，从个人层面和组织层面上，对于"你想要创造什么样的短期目标和长期影响"这一问题，应该始终保持清醒的认识。

领导力练习

在这项练习中，请列出你的短期目标，并清楚地回答：成功完成短期目标，将如何推动你个人的长期愿景，以及组织的长期战略目标的实现？

第八章

行动是把梦想变为现实的唯一方法

所谓领导力，就是将愿景转化为现实的能力。

——沃伦·本尼斯（Warren Bennis）[①]

安迪·格鲁夫是20世纪90年代最有影响力的商业思想家之一，他领导了英特尔的成功转型，并创造了商业变革中"战略拐点"的概念。然而，他留给我们最宝贵的经验，却是他所做的事情。2005年11月14日，他在一次演讲中，与英特尔的400名高管分享了下面这些见解。当时，他已经卸任英特尔董事长职位一年多了（Tedlow，2006）。

"一言以蔽之，战略就是行动。因为战略不仅仅是口头上说的话，还意味着我们的行动。我们要学会快刀斩乱麻地果断采取行动，"他表示，"要先动后谋，再不断地完善和调整。"

许多有抱负的领导者经常面临的一个问题是如何决策。你可能也经常听到有人表示自己害怕做决定，因为他们不想为错误的决策买单。有时候，在问题出现时，我们宁可刻意地选择视而不见，并希望问题能够以某种神奇的方式悄然消失，新上

[①] 领导艺术的指导者，组织发展理论创始人。——译者注

任的领导者尤为如此。不幸的是，或者说，幸运的是，我们总是需要做出决定，从"晚餐吃什么"这样的小事，到那些可能改变人生轨迹的重大抉择，比如跟谁结婚或选择什么职业等。在微软为其"To Do 系列"产品所做的广告中声称，一个成年人每天要做出大约 3.5 万个决定。

在一个大型的组织机构中，当管理者面临两难的抉择时，他们会想当然地要求各方提供更多信息，就好像信息越多，决策的难度就能奇迹般地降低一样。此外，许多组织机构发现自己正在与组织内部的官僚主义作风做斗争，这些烦琐的规定，通过设置一层又一层的审批和权限，给决策过程设置了重重障碍。

科林·布莱尔（Colin Bryar）和比尔·卡尔（Bill Carr）在《亚马逊逆向工作法》（*Working Backwards*）一书中，描述了杰夫·贝索斯在亚马逊规模迅速扩张期间遭遇的两难问题，当时他意识到亚马逊的员工，"花在协调上的时间更多，花在干实事上的时间更少"。于是，贝索斯采用了"单线领导"（single-threaded leadership）模式，致力于破解亚马逊内部团队间的高度依赖关系，使各个团队能够独立开展工作（Bryar and Carr, 2021）。一个单线程领导，就是一个全身心致力于一次解决一个商业问题的人。这个人不仅需要百分之百地投入，而且仅对特定的产品负责，负责将战略转化为实际成果。同时，他们也得到上级的充分授权，以履行前述责任和义务。

"客观上复杂的问题"VS."主观上难懂的问题"[①]

当然，并非所有的商业问题都能被清晰地归结为某类能够解决的具体问题。在《难懂的问题其实并不难懂：商业复杂性的艺术与科学》（*It's Not Complicated：The Art and Science of Complexity in Business*）一书中，作者里克·纳森（Rick Nason）解释了在决策方面，复杂性世界和难懂性世界的根本区别（Nason，2017）。要解决主观难懂的问题，传统的方法是将内含层级的问题分门别类，制定小层级问题的解决方案。人们期望，通过整合小层级各个问题的解决方案，就可以获得整体的解决方案，许多技术或工程类问题都是用这种分析性方法来解决的。作为比较，纳森对"客观复杂性"问题做了定义，是指那些充满无法解决的悖论的问题，因此能够有效解决主观上难懂问题的方法，不一定能够解决客观上复杂的问题。

解决"主观上难懂的问题"的方法往往可以编程化或系统化，然而，在现实世界中，使用解决"主观上难懂的问题"的工具来解决"客观上复杂的问题"，不仅会减慢解决问题的进程，而且会导致组织在决策方面陷入困境，而领导者则需要就这些"客观上复杂的问题"找到新的、创造性的方法。更重要的是，企业组织必须建立适当的领导力文化，充分授予适当程度的决策权，以期获得一定的灵活性，来应对不断动态变化的外界形势。

---

① 原文为"Complex VS. Complicated Problems"。——译者注

当工程类问题延伸到社会层面时,"主观上难懂的问题"往往就变成了非线性的"客观上复杂的问题",这些问题充满随机性、失控性,并且往往形成了错综复杂的关联性和相互依赖性。尽管大多数领导者喜欢具备可预测性的问题,且十分享受"问题都在掌控之中"的快感,但想要找到解决"客观上复杂的问题"的简化解决方案,企业或组织就必须采用一个完全不同的领导范式,即注重洞察力和行动,并通过实践来学习。对于客观上复杂的商业问题,在创造愿景方面的领导力,在推动行动方面就会变得前所未有的重要。考虑到商业世界的动态化本质和不可预测性,领导者往往要及时地关注行动,而不是花更多时间去研究信息。

充分授予决策权

美国退役陆军上将斯坦利·麦克里斯特尔(Stanley McChrystal)在《赋能:打造应对不确定性的敏捷团队》(*Team of Teams*)中,深入地研究了复杂世界中的决策需求。麦克里斯特尔将军以优美的文字,描绘了一个生动的案例,即一个管弦乐队如何在没有指挥的情况下,也能顺利进行演出,因为"赋权是领导力的产物"。对于感兴趣的读者来说,麦克里斯特尔将军的书,是一本值得阅读和反复琢磨的好书(McChrystal et al, 2015)。

在复杂的环境中,传统上以等级制度为基础的组织模式已不再适用。但考虑到重要的事情会发生在组织的底层,所以底层的员工也需要获得高层授权,具备决策的权力。为了确保被

第二部分　伟大的领导者该做些什么

赋予的决策权落实到位，领导者需要充分利用技术，不仅要为员工提供信息，还需要提供信息的背景，并将这些信息下放给需要做出决策的组织层级。

事实证明，一个能充分授予员工权力的工作环境，不仅能提升员工的工作满意度和忠诚度，还能通过激励员工进行更多的批判性和创造性思考，整体地改善决策的效果。但为什么打造一个真正实现了放权的工作环境如此困难？

首先，存在这样一种普遍的误解，即认为放权仅仅意味着"赋予员工做出决定的权力"，而不是真正地相信员工已经具备了自主做出这些决定的概念、知识和能力。

其次，赋予员工权力需要公司和管理层致力于保障员工的持续发展，包括为员工提供适当的培训和发展机会，使其学习和成长。

再次，赋予决策权意味着营造一个信任的环境，授予员工学习成功经验和分析失败教训的空间。这份信任应该是双向的，赋予员工决策权力意味着信任他们，但这也要求员工也信任领导者。双向的信任意味着员工愿意主动分担风险和责任。然而，放权给员工，并不意味着领导者可以卸下身上肩负的所有责任和决策责任。如果领导者不能公开地支持员工做出的决策，并在员工因决策而受到指责或惩罚时表达支持，那么领导者在员工眼中，将会很快丧失可信度，放权的行动也将无果而终。

最后，管理者可能会担心，因为允许员工拥有更多的权力和自主权，自己会不会失去对局势的控制，并因此而拒绝放权。但在现实中，有效的管理者知道，只有充分地放权和授权，领导者才能获得真正的主导权,尤其是有效地将权力下放给那些为你工作的人。

决策权的授予对任何组织机构而言都很重要,但如何实施授权,需要深思熟虑。在我与麦肯锡咨询公司顾问的一次接触中,他总结说,成功的授权需要以下条件:意图明确、能力、责任和边界条件。换句话说,团队不仅需要了解具体的任务,还需要了解任务的大背景,以及它与整体业务目标的联系。团队不仅需要有资源和能力,而且还需要发自内心地产生责任感,而不是被领导事无巨细地操控和微观管理。最后,任何团队都应该设定适当的边界,以确保有效运作。

总而言之,授权不只是一个时髦行业术语,它要求上级和下级的双向信任、时间、沟通和领导者对员工潜力的认可。满足这些条件的情况下,充分的授权将提高个人或团体做出选择的能力,并将这些选择转化为预期的行动和结果。

决策需要洞察力,而不是信息

"没有数字就无法理解这个世界,但世界不能仅仅通过数字来理解。"这句话出自汉斯·罗斯林(Hans Rosling)的《事实:我们误解世界的十个理由》(*Factfulness: Ten Reasons We're Wrong about the World*)一书,是对领导决策的有效警示。在一个日益数字化的世界里,我们每天都深陷于日益累积的信息和数字的汪洋大海之中(Rosling et al., 2020)。

在《事实》一书中,罗斯林引用了他与时任莫桑比克总理帕斯库尔·莫肯比（Pascoal Mocumbi）的一次谈话。当罗斯林问总理对莫桑比克的经济统计数据的看法时，总理说："我确实看了那些数据，但它们并不那么准确。所以我也养成了一个习惯，每年5月1日都会去现场观看游行。五一游行是莫桑比克很受欢迎的传统。我会观察参加游行的人们的脚，看他们穿什么样的鞋子。我知道，在这一天，所有人都会竭尽全力让自己看起来体面。我知道他们不可能借其他人的鞋子，因为他们的亲朋好友也会参加游行。所以我特别注意地观察，我可以看到他们是否赤脚走路，或者穿着坏掉的鞋子，或者脚上的鞋子是否足够体面。我还可以把我看到的情况，与去年的情况进行比较。"一个聪明的总理会以数据为依据，但数据不是唯一的依据。

在一则非常类似的轶事中，曾任中国北方辽宁省省长的李克强先生，在与美国驻华大使克拉克·兰特（Clark Randt）的晚宴上谈到中国的经济。之所以提及李克强总理，是因为我在2018年仍在中国任职，他当时担任中国国务院总理，我非常荣幸能有机会见到他。在与美国驻华大使克拉克·兰特的谈话结束后，兰特大使说，李克强总理在谈话中表示，他觉得中国的GDP总体数据不够可靠，因此他会关注三组不同的数据来衡量自己所在省份的经济成就，即电力消耗、银行贷款和铁路货运量。这次会谈的备忘录后来通过媒体公之于众，导致《经济学人》杂志（The Economist）和其他观察中国经济发展的专家，自发地采用了这套所谓的"李克强指数"，作为各方不断尝试理解官方统计数据背后中国真实发展情况的一个工具。

即使在体育界，数据分析也正成为许多专业团队的有力工具。最成功的团队仍然先利用数据分析作为工具，然后依靠有经验的教练和经理，凭借其足够的洞察力来做出关键的决定。但有的时候，想要获得洞察力并非易事。

60年前，麻省理工学院的一位年轻教授约翰·利特尔（John Little）写了一篇论文，在文中提出了一个定律，就是现在广为人知的利特尔法则（Little's Law）。它最初是针对由离散物体组成的排队系统而提出的，但由于其理论和实践上的重要性，后来成为供应链管理中普遍应用的定律，地位不亚于牛顿定律在力学领域的应用，常被用于解释库存、物流时间和周转率之间的关系。在全球供应链遭受新冠感染疫情和地缘政治的变动而频频中断的当下，这是一个恰逢其时的案例。

利特尔法则的计算公式简单到惊人，即"准备时间 = 在制品（WIP）/ 吞吐率"。例如，如果一个棒球赛售票处每小时能接待约240名顾客，而完成一次购票交易需要约3分钟（0.05小时），那么同一时间内，就会有约240乘以0.05，即平均12人在排队。

利特尔法则的一项强大应用，是为设计或运营复杂的业务带来清晰度，找出流程中存在的瓶颈。目前，利特尔法则已经被广泛用于优化运营，例如迪士尼游乐园的快速通道排队系统等。事实上，每家餐厅，尤其是那些对速度要求很高的快餐店，都应用了不同的排队管理系统。例如，麦当劳往往设置多排平行点单窗口，同时为几条等待排队的队伍服务，而帕尼罗面包店（Panera Bread）[①]则采用了买单和取货分流的模式，即顾客在一侧排队结算，结算后到另一侧排队取食物。其他餐厅则通过增加为每一个队列服务的收银员人数来提升效率。利用利特尔法则分析，既可以提高效率，也能够改善客户体验。

美国长滩港（Long Beach）和洛杉矶港的业务也与全球许多港口一样，在新冠感染疫情肆虐期间，遭遇了供应链中断的问题，许多集装箱船不得不滞留海上，等待南加州港口的泊位，因为从亚洲进口的货物已经堆满了码头，几乎没有留下供其他船只卸货的空间。

当时，美国媒体广泛报道了这一事件，下面的概述主要基于《洛杉矶时报》（*Los Angeles Times*）的报道（Dean，2021）。

莱恩·彼得森（Ryan Petersen）先生是货运代理初创公司飞协博（Flexport）的首席执行官，他想了解长滩港和洛杉矶港当前的库存和装卸情况。因此，他租了一条船，亲自近距离观察两个港口的运营情况，希望通过实时了解情况来做出明智的决策。根据他在巡视港口时的发现，他显然对利特尔法则研究得尤为透彻。

彼得森先生首先确定，用于卸货的起重机不是限制业务的瓶颈，真正的问题已经变成了集装箱码头的堆场空间不足。码头上的集装箱已经泛滥成灾，这意味着港口不再有多余的空间接收来自海上船舶或陆地运输的新集装箱。套用彼得森先生的话说，如果导致瓶颈的原因是外部的干扰，而不是人为的设计，假设港口

[①] 全美三大面包连锁店之一，一家很年轻的快餐连锁品牌，于1981年在波士顿创立。——译者注

无法立即采取行动，扩大导致运营瓶颈的港口容量，这个负面的反馈回路就会迅速地扩散其负面效应，导致全盘失控。

事实证明，导致港口堵塞的一个原因，是装卸司机没有空间将集装箱从卡车上卸下来，因为长滩市的地目法规（zoning code）规定，空集装箱在卡车场内堆放的高度，不得超过两层，以尽可能减少工业设备对社区的视觉景观的影响。在了解真实情况之前，彼得森可能认为导致货物无法在港口卸下的主要原因是卡车或装卸司机的不足，但实际上真正的原因是集装箱装卸载的空间不足。彼得森随后在推特上分享了自己的观察结果，这引起了长滩市和加州官员的注意。不久之后，长滩市就发布了一项紧急政令，允许企业暂时地提高它们在长滩港口堆放的海运集装箱的高度，旨在尽可能缓解困扰洛杉矶港和长滩港的大规模船舶滞留问题。

尽管长滩港的应急措施，并不能彻底解决新冠感染疫情导致的全球供应链中断的问题，但彼得森先生通过将观察到的信息，转化为一针见血的洞察力，打破了长滩港货物滞留的僵局，并通过将这份洞察力转化为领导行动，甚至影响到国家主管机构官员的态度和行动。

尽管这只是一个独特的个例，但它也凸显了通过实地考察获得洞察力对明智决策的重要性。一些领导者习惯依靠个人的历史经验做出判断，一些人则习惯依靠值得信赖的第三方顾问作为传声筒，但在某些情况下，企业的高层领导可能需要亲临现场，了解第一手的情况。即使企业组织已经获得了正确的信息，也依然需要正确的领导力，才能够将这些信息串联起来，

第二部分　伟大的领导者该做些什么

在正确的背景下阐述和理解信息，最终使领导者能够做出正确的决定。

在决策过程中，每种领导和决策的方法可能都有适用之处，但每种方法也可能存在陷阱或不足。在飞协博的案例中，彼得森先生不仅是一家企业的领导，同时也是供应链行业的专家。但在大多数情况下，领导者依靠自身的技术专长去调研或决策，尤其是在大型的企业组织机构中，可能会被视为对技术专家的不信任。只要领导者能够意识到"具体事情需要具体分析"，利用过去的经验也无可厚非。

美国通用电气公司以拒绝向航空公司出售其喷气式发动机而出名。多年前我也曾经管理过一家只租赁而不出售产品的企业。从企业和客户的角度来看，这种商业模式各有优劣势。从技术支持的影响的角度来看，我们能够发现一个有趣的见解。在常规的销售模式中，技术支持往往被视为成本，在产品售出后就很难收回。但在租赁模式中，产品以租赁形式提供给客户，技术支持就成了帮助客户维持产品寿命的关键因素，同时也能够为企业创造额外的收入。一旦经营租赁业务的企业领导者获得了这种洞察力，那么就很容易判断是否应该加强公司的技术支持团队建设。

2022年6月14日《纽约时报》首席艺术评论家迈克尔·基默尔曼（Michael Kimmelman）[①]在该报纸上刊登的一篇调查报告显示，休斯敦作为全美第四大城市，十年前是全美人均无家

[①]《纽约时报》首席艺术评论家，《纽约书评》特约撰稿人。基默尔曼在纽约出生、长大，就读于耶鲁大学、哈佛大学，评论作品曾入围普利策奖。——译者注

可归人数最高的城市之一，在"解决流浪汉"这一既富有争议又困难重重社会问题上，取得的进展明显强于美国其他主要城市。自2011年以来，休斯敦被认定为无家可归者的人数已经减少了63%。

报告指出，休斯敦在这个问题上取得成功的关键因素是，许多利益相关者，无论是私人还是公共机构，无论是保守派还是自由派，都认同一个基于经济研究的见解，即"住房补贴是减少流浪汉人数的最具吸引力的政策"。基于这个共识，休斯敦成功地"与县级机构合作，并说服数十家当地服务提供商、公司和非营利性的慈善组织一起采取行动"，分享目标和信息，而不是彼此争夺联邦的资金去做重复的无用功。在市政府的领导下，所有相关方均为"住房第一"（housing first）的倡议走到一起，携手努力解决问题。

在大多数情况下，企业的高层领导人会聘用数个值得信赖的外部顾问，避免经过层层官僚程序的过滤，为其提供第一手的信息和见解。然而，这同样要求企业组织建构一个令人感到安全和透明的企业文化。

做决策很容易，但言出必行却不易

"做决策是很容易的，难就难在如何坚持你的决策。你越是能够坚定地执行，那么决策的效果就越好。"这是几年前，我在与一家大型跨国公司总裁一起吃晚餐时，他对我说的一句话。尽管这段话听起来颇像一家之言，但对我而言，确实是一个难得的顿悟时刻。

这是因为，对于很多技术出身的领导者而言，做出商业决策看起来才是最难的任务，因为他们一直以来接受的训练，就是要寻求真理，就好像商业世界中的一切问题，都存在一个正确的答案。因此，一些技术型领导者往往会选择无休止地进一步寻找更多的信息，进而导致决策迟迟无法做出，而其他类型的领导者，则可能会选择听从他人的明智建议。

你可能曾听说过这样的说法：有时候，比做出错误决策更糟糕的，是根本没有做出任何决策。拖延决策的症结在于，很多时候领导者错误地认为自己还有充裕的时间去思考，但实际上，在一个不断变化和快速发展的商业环境中，时效性往往是决定商业决策成败的关键因素。

下面这些见解，或许能够缓解企业领导者对决策过程的恐惧或担忧。

首先，你现在做出的决策，很有可能并不是最终的决策。试想一下，在64格棋盘上进行的国际象棋游戏，仅仅在前四步中，就有308种不同的下法，再想想后面的无数种可能性，没人能够预测接下来会发生什么。在我看来，这才是人类世界的真正魅力所在。在很多情况下，你必须走出第一步棋，才能够释放出接下来无数未知的可能性。

虽然我们经常会将某个决定视为对某些问题的最终决策，但企业做出的大多数决策，很少达到生死存亡的重要程度。人们往往倾向于夸大每个决定的可能后果和影响，并认为一个决定可能会带来其他的"岔路"或机会。换句话说，关于决策，

艰辛之旅：如何成为卓越的领导者

我们应该始终秉持一个健康的观点，即某个单一的决定，并不会影响人类世界的发展或走向。尽管一直保持这种理性不太可能，但我们依然要学会欣赏偶然性的力量，相信"船到桥头自然直"，有时候事情会出乎意料地自行解决。

其次，所有的商业决策都是在信息不完整的情况下做出的，因为世界一直在不断地变化。尽管人们确实需要先获得正确的可用信息，然后才能做出决策，但我们也需要承认，几乎所有的商业决策，都需要在信息尚不完全明确的情况下做出。

最后，对于需要做出决策的个人而言，直觉可能会比理性更可靠。关键就在于，我们需要努力寻求和理解自己的内心，了解自己的价值观是如何影响决策的。正如我在本书前文探讨的那样，明确自身的领导价值观和目标，就可以指引你在充满挑战的时期做出难以抉择的决定。

在不同的时期和人生阶段，每个人的具体目标可能会有所改变，但一个人的价值观，是深入人心的原则，它将能够指引你走上正确的道路。作家迪帕克·乔布拉（Deepak Chopra）曾经说过："宇宙并不存在既定的运作模式。在你做出决定之后，它就会围绕这个决定运行。决定本身并不存在对错之分，不同的决定只会带来不同的可能性，而这些可能性会随着你的每一个想法、感觉和行动的变化而变化。"

在商业领域，果断是有效执行计划和实现目标的关键因素。领导者需要勇于承担责任，不是逃避决定，尤其是在遭遇挑战或困境的情况下。重要的是，领导者要学会权衡继续思考、收集更多信息，以及判断推迟决策的代价与做出错误决策的代价分别是什么。在决策方面，英明果断的领导者将给其他人带来更强的信心，为企业组织提供一个清晰的发展思路。

机会成本 VS. 沉没成本

机会成本和沉没成本是两个重要的经济概念，经常影响企业的决策。当你同意了任何一个决定，就意味着直接或间接地拒绝了其他可能性，因为每个人的精力有限，我们在生活中能同时处理的事情十分有限。

机会成本是指，当你选择了一个选项，并因此而放弃了另一个选项时，被放弃的东西就是机会成本。将机会成本降到最低的关键就在于选择收益最大的选项，而不是坐等下一个最佳选项的出现。沉没成本是指已经失去的成本，即你已经为此付出了代价，并且不可能再回收。关键就在于，不要让沉没成本对你的未来决策产生太大的影响。

理论上说，机会成本和沉没成本所涉的东西几乎是无限的，但在个人决策和商业决策方面，它们通常指的是金钱、时间和努力等成本。尽管这些概念在大多数情况下适用于经济领域的商业或投资决策，但同样也适用于许多个人层面的决定。

一般的看法是，人们在做决定时，往往对沉没成本关注过多，而对机会成本关注过少，企业和个人都是如此。而在现实中，决策应该着眼于未来，而不是沉湎于过去。尽管过去会提供很多经验和教训，但过去的已经过去，不会再度出现，因此不必为了证明过去决策的正确性，而放弃未来可能获得的收益。

身为领导者,我们要用更多时间精力来思考未来的机会,而不是对过去已经发生的事情患得患失。

就商业决策而言,机会成本能够提供下面几个维度的参考。

首先,在一个资源总是有限的商业世界里,明智的商业策略不仅要求领导者关注自己所做事情的重要性,更要关注和明确企业不应该做什么。机会成本将要求领导者需在当前所做决定和下一个最佳选择之间做出抉择。人们往往会关注"实施拟定的行动"和"什么都不做"分别会产生怎样的后果,并将两者进行权衡,但这往往是一个错误的比较基准。

其次,机会成本分析也能帮助创造一种必须立刻做出决策的商业紧迫性,这在一个动态的商业环境中更为重要。当机会成本很高时,加快决策进程,往往比继续收集信息和完善分析,然后再做决策的方法更有效。另外,如果你当前的选择有限,且这些选择的机会成本较低,那么就应该更加坚持不懈地追求当前目标的实现。

你可能经常会听到领导者抱怨说,"这个系统其实没啥用,但是考虑到买都买了,硬着头皮继续用吧",或"我们已经付了钱,只能硬着头皮继续干"。一般来说,企业难以放弃这些东西,是因为与之有了感情,或纯粹出于惯性。同样地,你在一个人、产品或想法上投资的时间或金钱越多,就越难放手。这不仅仅发生在个人决策层面,企业也很难迅速地喊停明知已经烂尾的项目。比如说,股票投资者手里往往持有很多大幅贬值的股票,即使更好的投资选项已经出现,他们依然不肯放手,满心期望着股价某天会回升,或他们能够以某种方式奇迹般地

第二部分 伟大的领导者该做些什么

挽回损失。

最后，我想引用彼得·德鲁克（Peter Drucker）[①]的一句话作为本章结束语："无论你在哪里看到一个成功的企业，都是因为有人曾经做出过一个勇敢的决定。"

启示

战略就是行动，战略不仅仅是口头说说而已，而是要落实到具体的行动上。在商业领域，果断是有效执行计划和实现目标的关键。领导者需要愿意承担责任，不逃避决策，尤其是在遭遇挑战和困难的时期。

领导力练习

确定一项你在不久的将来需要做出的商业层面或个人层面的决定。扪心自问，你推迟做出决定，是否仅仅是因为你害怕做出错误的决定，还是因为即使考虑了机会成本之后，你依然发自内心地坚信，自己以后会有更好的洞察力，来做出更好的决定？

---

① 现代管理学之父。——译者注

第九章

为何细绳可以缚住大象

太上，不知有之……功成事遂，百姓皆谓我自然。

——老子，《道德经》第十七节

我在着手撰写本书时，发起了一项领导力调查（将在本书第十八章详述），要求受访者分享个人的领导力故事。下面这个颇具感染力和启发性的领导力故事，来自我的前同事斯里尼·卡拉（Srini Karra）。

我在印度南部地区长大。每当我去寺庙参拜时，看到一头身躯庞大的大象被一根细绳子绑住的情景，总是令我感到万分惊奇！这可是力大无穷的大象啊。有的时候，我还会看到大象拉着成吨的木头，或在几十亩的甘蔗地里乱窜，踩踏成片的甘蔗林。这令我感到很困惑，破坏力如此强的大象，在寺庙里怎么会被一根细绳子约束住？后来我才意识到，大象代表了我们每个人身上的潜力，而细绳子则是一个人不断遭遇的、存在于想象之中的束缚。这根细绳让我们感到"无能为力"。从那之后，我开始积极与周围的团队合作，确保每个人都明确自己的优势、机会、目标和共同的愿景。最终，我享受到了通过他人的努力取得成功的喜悦!

身为庞然大物的大象，在任何时候应该都可以轻松地挣脱这根细绳，但它们从小就被驯养，认为自己不可能挣脱细绳的思维已然根深蒂固。最终，它们只会乖乖地被一根细绳束缚在原地。在我们自己的生活中，有多少次我们也受限于自己想象中的限制和恐惧，无法追求人生的理想和目标，只有当我们承认自己内心的恐惧，并认识到这些想象中的束缚是如何阻碍我们进步的，我们才有可能摆脱束缚，阔步向前。

赋权和主人翁意识

赋权已经成为商业世界的一个热门词汇，并被广泛应用于许多情景。研究已经证明，能够给员工赋权的工作环境，不仅能够提升员工的工作满意度和忠诚度，还能够通过激励员工进行更多的批判性和创造性思考，改善组织的决策效果。然而，想要打造一个真正实现了赋权的工作环境十分困难，部分原因就是关于赋权的一些常见误解（详见本书第八章的论述）。

对于那些致力于实现赋权的领导者而言，理解并内化赋权，意味着你要掌握问题的主动权，而不是坐等上级把权力下放给你，这一点尤为关键。想要实现赋权，我们就需要在商业环境或更广泛的社会背景下，主动参与涉及自身福祉和权利的决策过程。在寻求赋权的过程中，你应该考虑的问题，不是谁将授

第二部分　伟大的领导者该做些什么

予你权力,而是谁可能会阻止你获得权力。

帕罗尼面包店的首席执行官尼伦·乔杜里（Niren Chaudhary）先生在发布的视频中,描述了自己在创建帕罗尼面包店的独特企业文化方面付出的努力,即"主人翁意识"。他解释说,当员工拥有了主人翁意识,他们就总是能够从解决方案的角度考虑问题。很多人都可以提出问题,但只有员工将自己视为企业的所有者,产生了主人翁意识的情况下,人们才会在提出问题的同时带来解决方案。乔杜里强调说,若员工出于提供信息、广泛讨论和集思广益的目标而提出问题,这是值得鼓励的,但如果员工提出问题只是为了抱怨或发泄负面情绪,那么这种为了提出问题而吹毛求疵的行为就应该尽可能地避免。

我曾写过一篇博客,专门剖析了帕罗尼面包店文化的领导力。塞巴斯蒂安·塔拉纳尼（Sebastian Thalanany）在博客下方评论道:"在充分赋权的背景下,对个人在事业层面的奋斗拥有自主权和所有权,是迈向自我实现的一步,符合人们触发好奇心、不断学习和理解的自我意识,并沿着可能带来领导力的服务之旅,不断向前发展。"

通过提供解决方案来展示员工对企业的所有权固然重要,但这并不意味着领导者应该走向一个普罗大众喜闻乐见的极端,即"永远不要给我带来问题,我只需要你提供问题的解决方案"。尽管这个想法的出发点很好,即赋予团队自主解决问题的权力,但从一个强调问题的极端,走向不管问题,只求结果的另一个极端,并不能帮助企业创造出正确的领导文化。不可否认,问题自身的确是消极的,而解决方案的提出总是能够提振士气，而且如果企业组织中存在大量的抱怨和消极情绪，的确会带来诸多消极的能量。但这种盲目追求解决方案的极端文化，会让员工感到压抑，会在企业组织内形成一种"恐惧问题"的文化氛围，使人们不愿意尽早或及时地披露问题的苗头，直至问题演变成不可控制的全面性危机。企业组织需要努力创建一种开放的文化，使每位员工都敢于提出问题，并能够齐心协力地寻求解决方案。

目前，许多西方企业均采用了全球经营的模式运作，即战略决策通常在总部做出，然后散布在世界各地的地方团队，只需要单纯地负责战略计划的执行。这种运作模式必然会使总部和地方管理中心在权力分配方面产生拉锯战。总部的团队常常相信他们拥有全局性的商业战略和远见，而地方团队则倾向于认为自己更了解当地的市场和当地的客户，更懂得如何因地制宜地取胜。二者之间的紧张关系，就像许多企业组织中市场推广团队和销售团队之间水火不容的状态。对于深耕中国或印度等大型市场的全球公司而言，总部与地方团队的摩擦成了一个越来越突出的问题，至少部分原因是二者商业环境的文化差异。

什么样的决策过程或组织结构才是正确的？并没有一个放之四海而皆准的标准答案，因为对特定组织而言，每个企业组织的具体情况，将决定什么样的组织模式。此外，每一种不同的组织模式，也会催生出截然不同的领导行为和组织文化。

在我被派往中国负责主管埃克森美孚的资本投资项目期间，我们与斯坦利·麦克里斯特尔将军创办的咨询小组合作，促进"赋能型团队"概念的落实，以确保总部团队和中国的团队之间，能实现更有效的团队合作。正是在这些讨论中，我突然意识到，"赋权"这个词并没有贴切的中文对应表述，它经常被翻译成类似于"许可"的概念，但"许可"在英文中则有着截然不同的内涵。这个缺乏对应表述的问题，还在一定程度上反映了中国文化，以及在许多东亚国家的文化中"赋权"概念的缺失。西方的员工通常希望从他们的老板那里获得独立，并对他们的工作拥有"所有权"，但在中国的文化背景下，如果领导者试图以同样的心态赋权给员工，往往会得到事与愿违的结果。

在接受我的采访时，美国机器人公司iRobot执行副总裁兼首席产品官基斯·哈兹菲尔德（Keith Hartsfield）回忆了他代表摩托罗拉公司管理中国团队时的经历。他告诉我，当时他会定期前往中国，与地方的团队合作，但工作并没有如预期一样积极地开展。

"到了中国之后，我发现管理的模式完全不一样了。在中国员工看来，我就是大老板，我应该告诉大家去干什么。在刚开始磨合的头几个月里，中国的员工真的很焦虑，因为我没有直接告诉他们应该怎么做，而是提出了很多问题，但他们不太习惯与上司分享自己内心真实的想法。"

这种反应在初来乍到的西方高管中相当常见，他试图赋权给中国员工的初衷并没有错，但他没有意识到，中国的文化和历史背景，可能会让员工无法充分地利用这些被赋予的权力，因为在中国，员工历来对上级秉持一种天然的敬畏感。

首先，尊重权威的企业文化会导致员工退缩不前，在真正搞清楚老板的真实想法之前，员工并不会贸然地独立思考或独立行动。

其次，在尊重权威的工作环境中，员工通常害怕犯错，尤其是在新领导上任，或换到新的工作环境的情况下，员工会担心自己不经意之间偏离了领导者希望他们达成的目标，并认为主动提出问题存在很大风险，可能会使自己显得无知或无能，进而遭受领导者的严厉指责或批评。尽管接触过西方工作文化的年轻一代员工越来越敢于"直言不讳"，但许多人在工作场所依然倾向于保持沉默。

为了鼓励和激发团队的活力，哈兹菲尔德花了大量的个人时间与团队成员相处，力图获得团队成员的信任，并尽可能建立私交，更多了解员工的想法。最终，"中国团队的员工终于放松了警惕，我这才开始从他们的角度去了解，在中国市场的成功需要些什么？他们对成功的预期是什么？因为在很多情况下，我对成功的理解，不同于他们的理解"。

我的一位前同事普拉桑纳·乔希（Prasanna Joshi）博士，评论了我的一篇关于赋权的博客文章，他简明扼要地描述了"时刻了解，不要干涉"（Eyes On Hands Off）的策略。尽管赋权在大多数工作场所中很重要，但赋权在每个工作场所的执行和效果，都将受到独特的文化倾向或背景的影响。因此，领导者应该积极主动地评估和调整他们赋权员工的方法，以有效地应对每一种独特的情况。

第二部分　伟大的领导者该做些什么

赋权和自我实现

　　赋权在工作场合非常重要，但它实际上是一个更广泛的概念，是一种重视自我和他人的伙伴关系的概念，意味着具备做出选择的自由，但也意味着要承担相应的责任。

　　例如，为了实现全球范围内的性别平等，女性赋权被视作一项很重要的目标，尤其是在传统上女性普遍受到歧视的许多发展中国家。

　　最近，我与阿纳尼娅·贾恩（Ananya Jain）女士进行了一次谈话，她在印度查谟（Jammu）长大，由于家境贫寒，她的童年过得很艰难。但在母亲的支持下，她从小就养成了坚定而独立心态，勇于追求自己的人生志趣。年仅14岁时，她就因为在生物肥料方面的杰出贡献而获得了印度总理的嘉奖。随后，她还获得了包括瑞士政府的其他组织机构的认可。

　　当我问及阿纳尼娅克服人生逆境的灵感和勇气之源，她反复地提及了在成长过程中母亲给她带来的直接或潜移默化地影响。

> 我认为我身上的灵感和勇气，大多来自我的母亲。她与我的父亲经历了一场非常不体面的离婚。离婚后不久，她就陷入了入不敷出的拮据境况。在印度的法律体系下，她必须有很大的勇气，才敢选择离婚，并努力地养家糊口，养育我和妹妹，凭一己之力负担我在美国的教育费用。当时年幼的我，亲眼看到母亲从困境中振作起来，勇敢地掌控

自己的人生，这也促使我下定决心，不能让自己的人生受控于他人或所谓的命运。这就是我奋斗的灵感来源，但就我个人而言，其具体的表现是：我坚定地表示，自己再也不会在经济上依赖于一个人或一家公司，因为我知道这会带来多大的束缚。

这种对独立的强烈渴望，促使她在接下来的15年里，为了财务独立而努力奋斗。她给自己设定了一个愿景："创造一些对我个人，对我身边的人而言都能够带来快乐的东西；打造一个能够让所有员工感到财务自由和拥有决策权的公司；不管是在我的公司里，还是跳槽到其他公司之后，我都希望我的员工能够为自己做决定……我不会回过头后悔地说，嘿，在我自己追求财务自由和经济层面的快乐时，我对其他人同样的需求置之不理。"

秉持着这种心态，从佐治亚理工学院（Georgia Tech）工程专业毕业后，阿纳尼娅·贾恩创立了FullCircle，这家专注于心理健康技术的全球性初创公司，很快引起了广泛的关注。公司凭借其创造的心理健康领域的颠覆性技术，获得了英国皇室颁发的著名奖项戴安娜奖（The Diana Award）[①]。

阿纳尼娅与公司的联合创始人希望通过颠覆性的技术或方法，积极地改善Z世代年轻人的心理健康状态，从而更好地与年轻一代产生共鸣。二者都希望"在心理健康保健方面提供一

---

① 戴安娜奖取名自戴安娜王妃，是专为英国青年设立的奖项。它类似于"中国十大杰出青年"，致力于举荐青年人才，宣传杰出青年的成就。——译者注

第二部分 伟大的领导者该做些什么

个令人振奋的基调,一项灵活操作的方法,以及更团结的社区。尤其是在疫情肆虐的时代,社会层面的互动在很大程度上已经转移到了社交媒体上,社区的概念就变得尤为重要"。

一个人的追求,可以是宏大的人生使命,也可以是细微且具体的生活目标,不管是哪一种,赋权的关键都在于自我实现。心理学家亚伯拉罕·马斯洛(Abraham Maslow)在1962年提出了马斯洛需求层次理论。作为这个理论中最高级别的层次,"自我实现"被定义为充分实现个人的天赋或潜力,这就是存在于每个人身上的驱动力。

陆怡颖(Yiying Lu)①是一位艺术家或艺术企业家(她更喜欢这样称呼自己),她与我分享了她为创造"饺子"表情符号所做的努力。作为一个在上海出生和长大,并在中国、澳大利亚、英国和美国生活过的人,她的兴趣爱好十分广泛,包括艺术、设计和美食。2015年8月,在与朋友珍妮弗·李在iPhone上发短信聊天时,她突然意识到手机的表情包选项里,没有一个表情符号可以代表她最喜欢的饺子。大多数普通人遭遇这个问题时,会直接选择使用文字,而不去纠结为什么这个表情符号不存在,但她做出了不一样的选择。下面这段话,选自她与美国最具影响力的一本商业杂志《快速公司》(*Fast Company*)对话的内容(McCracken,2017):

---

① 澳大利亚华裔设计师,曾是世界上最活跃的风险投资公司和启动加速器500 Startups 的创意总监;入选"微软十大创新领袖",设计作品曾在《纽约时报》和《时代周刊》等多家媒体发表。——译者注

"怎么说呢，我是一名设计师，我有丰富的想象力，或许我可以做些事情来改变这个现状，"她告诉自己，"当然，设计表情包不是我的工作，也不符合我的事业规划……但我还是有点儿想要承担起这个责任。"

后来，她不仅完成了饺子表情符号的设计，还跟朋友珍妮弗·李一起完成了将这个饺子表情符号纳入表情包系统的任务，尽管她们一开始根本不知道从何着手。她们的经历表明，一个全新的表情符号，想要纳入表情包，需要首先获得统一码联盟（Unicode Consortium）的批准。这个联盟是一个负责文本字符统一编码和显示的行业联盟。对于一个行业联盟而言，将一个饺子符号纳入表情包库，可能不是它们亟须完成的最重要事项。

为了推动这个进程，她跟珍妮弗亲自参加了统一码联盟的会议，珍妮弗甚至努力加入了专门负责表情包管理的小组委员会。2017 年 3 月，该联盟正式发布 Emoji 5.0 版，饺子的表情符号 🥟，终于成为五十六个新增加的表情符号之一。

经过这次事件，怡颖还意识到，"饺子其实是一个在各种文化和地区中通用的信息符号，比如格鲁吉亚有'亨卡利'（Khinkali）；日本有'日式煎饺'（gyoza）；韩国有'饺子'（mandu）；意大利有'意式云吞'（ravioli）；波兰有'波兰饺子'（pierogi）；俄罗斯有'俄式饺子'（pelmeni）；阿根廷有'阿根廷饺子'（empanadas）；犹太人有'三角馄饨'（kreplach）；中国有锅贴和其他各种饺子；尼泊尔有'馍馍'（momos）；土耳其人有'土耳其饺子'（Manti），所有这些都表达了饺子的概念"。

第二部分 伟大的领导者该做些什么

得益于怡颖和珍妮弗的努力和领导力,全世界的人现在都可以使用一个小小的饺子表情符号。后来,怡颖还设计了表情包里的波霸奶茶🧋、中餐外卖盒子🥡、幸运饼干🥠、筷子🥢以及孔雀🦚等表情符号。

总而言之,赋权并不是什么空洞的时髦词汇,而是要求领导者给予员工信任,并承认员工身上的潜力。它将要求我们更好地了解自己,使自己的内心变得更强大和充满力量。只有这样,赋权才能够提升个人和团队做出选择和决策的能力,并将这些优质的选择,转化为符合预期的行动和理想的结果。

对于心怀壮志的领导者而言,你必须准备好给自己赋权,只有这样,你才能够在无论是顺境还是逆境的情况下,持之以恒地追求与个人的价值观一致的目标和愿景,而不是坐等其他人来赋予你权力。一个自由型社会的好处在于,它为所有人提供了这种自由探索、尝试和学习的环境,但想要利用这个环境,你首选要愿意给自己"赋权"。

在当今的全球化商业环境中,认识到赋权的文化内涵尤为重要。在一个团队刚刚启动一个项目时,领导者最好出席并参与其中,使团队成员能够亲眼看到赋权的真正含义。领导者应该主动花时间与团队一起努力,提供辅导或指导意见,让成员充分体会到赋权在"解锁员工创意,促成商业成功"方面发挥的神奇作用。同时,赋权也将充分释放员工的潜力,真正地实现赋权推动领导力发展的目标。

最后,我将引用安盛信利高级副总裁、建筑创新负责人罗斯·霍尔女士的一段话。当就"女性如何在建筑行业取得更多成功"这一问题被征求建议时,她说道:"先定目标,再想办法!"而我的建议则是,要深思熟虑,但总是要积极采取行动。

总之,不要让大象身上的那根小绳子,成为你去获得应该追求之物和可以实现之物的制约因素。

启示

> 赋权要求我们主动掌握问题的控制权,而不是"坐等他人授权"。不要让想象中的限制和恐惧阻碍你,导致你无法真正发挥潜力、成就伟大事业。

领导力练习

> 在你的工作场所,找出你一直希望可以完成,但出于种种原因未能完成的事情。然后,确定两项导致你无法完成这些事情的限制条件,并制订一份具体的计划来克服这些限制。

第十章

包容性始于自我接纳

> 试图成为另一个人，便是浪费了成为你自己的机会。
>
> ——库尔特·科班（Kurt Cobain）

美国得克萨斯州的春天总是很美，我经常在步行道上看到许多风中摇曳的野花，它们小巧而优雅，但往往十分不起眼。这些野花没有艳丽的色彩或是浓郁的芬芳，没有什么特别之处，以至于大多数人在经过时，甚至没有注意到它们的存在。作为一名业余摄影师，我总是会随时将自己的眼睛当成取景的相机，记录它们的美丽身姿。当我带着相机出门时，偶尔也会给它们拍摄一些照片。随后翻阅这些照片时，我注意两件事：首先，尽管大多数的花儿是常见的品种，但如果你愿意近距离仔细观察，每一朵花都有其独特的美；其次，每朵花单独拎出来或许并不会令人感觉惊艳，但成片之后，就会形成颇具视觉冲击力的美景。

我们需要不断地提醒自己，每个人都是独一无二、与众不同的存在，每个人都有着与众不同的性格特征和技能，能够积极地为商业世界和社会做出贡献。但如果我们不愿意关注每一个人，并给予足够的关注度，那么就很可能错过每个人的独特性和个性。此外，尽管每个企业都设定了统一的标准，创建了一种企业文化，我们同样不能忽视的是，正因为人们互不相同的个性，世界才变得更美好。人与人之间的共性使我们强大，但人与人之间的差异性，则使我们变得更强大。同理，不同的观点和思想带来的丰富性和多样性，往往会促成更好的决策和更理想的商业结果。

身为个体，我们需要首先具备自我意识，因为包容性和归属感，都始于自我接纳。我们首先要自己产生归属感，才能有勇气做真实、开诚布公的自己，甚至有勇气展示自身的脆弱或不足。不管我们来自什么样的背景或文化，在为自己的传统或文化感到自豪的同时，也应该尊重来自其他文化和背景的人。文化的差异性，可能意味着我们是来自不同世界、不同地区的人，但有时候也意味着我们仅来自同一个城市的不同街区。只有具备自我意识和包容性，我们才有可能融入自己想要融入的任何组织或社区。

与此同时，我们每个人都习惯于通过自己的视角来理解身处的世界，因此我们需要警惕的是，每个不同的视角，都会产生不同的理解，进而影响我们在这个世界上的体验。这些个人的体验，有可能鼓励我们寻求确凿的证据，夯实自身固有的心理模式或信念，继而限制我们寻求新事物的能力。因此，获得新的体验，就意味着我们为理解世界开辟了一个新的认知角度。

尽管每个人看待世界的角度在本质上与他人不同，但我们也同样需要从别人的视角看世界，在充分运用自身想象力的同时，尝试站在他人的角度，利用他人的想象力来看世界。

就像摄影那样，我们也需要近距离的对焦，将同样的观察方法，应用于日常生活或商业世界。这将使我们能够专注于个人的独特能力和个性，使我们能够在平凡中找出不凡。身为领导者，与其寻求能够适应既定文化的人，不如寻找那些可以丰富现有文化的人。

多样化是既定事实，包容性则是一种主观选择

你可能已经注意到，在开了空调的同一间办公室里，总会有人比其他人更容易感觉到冷。

温度的舒适程度，实际上需要根据能量守恒的原则来计算。如果一个人的热量流失大于其热量的摄入，他/她就会感觉寒冷；而如果热量的摄入远远超出热量的发散程度，则会感觉到暖和甚至是炎热。但室内空间舒适温度的计算公式，往往以个体的平均特征为基础，很多体系也采用了类似的计算逻辑。因此，美国采暖、制冷和空调工程师协会正式编制了一套办公场所温度标准（Belluck，2015）。

但问题就在于，所谓的"平均个体"并不存在。根据美国疾病控制和预防中心（CDC）的数据，美国男性的平均身高约为175厘米，而亚洲女性的平均身高约为158厘米。考虑到体型的差异，据某项研究发现，适合日本女性的中性温度为77.36华氏度（25.2摄氏度），而欧洲和北美男性的中性温度为71.78华氏度（22.1摄氏度）（Cha，2015；Kingma and Lichtenbelt, 2015）。

艰辛之旅：如何成为卓越的领导者

考虑到美国采暖、制冷和空调工程师协会规定的办公场所温度标准中的"平均值"，其实是以20世纪60年代的男性工作者为基础而得出的数据，所以只有在大多数的办公室工作人员为男性时，这个温度才是可接受的。但观察一下当今的工作场所，你就会发现办公人员的构成，已经与之前的标准大为不同，难怪总有人会感觉办公室像个大冰窟。

第一次了解到办公室空调温度设定背后的数据支撑后，我便开始反思，在我们很多习以为常的系统中，还可能存在哪些潜在的固有偏见。尽管这些老旧的平均化体系，依然在发挥作用，但越来越多的组织机构开始意识到，多样性并不是一种困扰，而是一种必要，甚至可以摇身一变成为企业的独有竞争优势。

尽管很多企业不仅接受了多样性和包容性的理念，甚至对其十分拥护和欢迎，但要真正地在一个企业组织中融入实现多样化所需的所有要素，仍然是一个不小的挑战。此外，各类传统的系统中，往往存在着根深蒂固的偏见，哪怕他们并非有人特意为之，或者只是一时不显，前文的办公室空调温度的设定，显然就揭示了这一类型的问题。所以，我们需要意识到下列几项事实的存在。

· 2000年，财富500强公司的首席执行官只有两名是女性；到2022年，这个数字增加到了41位。尽管女性首席执行官的人数，在过去20年里实现了高达2 000%的增长，但女性高管的数量仍远远不足，达不到男女平等的水平。美国经济政策研

第二部分 伟大的领导者该做些什么

究中心（Center for Economic Policy Research）和世界经济论坛发表的一项分析表明，由女性领导的国家在新冠感染疫情的应对方面，显然取得了更系统性且更明显的成效。《金融时报》（*Financial Times*）最近的一篇文章（Caulkin, 2022）更是直言不讳地发问：女性的崛起，是否会继续从内部推动管理基本原理的改变？

- 在学术、工业和其他组织的领导职位方面，亚裔、西班牙裔和非裔美国人也存在类似的代表性不足的情况。例如，亚裔在教师群体中的占比仅为 10.9%。尽管相较于 2013 年的 1.5% 有所提升，但在 2017 年美国的大学校长中，亚裔校长的占比同样只有 2.3%（Davis and Fry, 2019；Seltzer, 2017）。

许多公司倾向于使用统计数据来衡量企业内部的多样性程度。统计数据固然重要，但它们往往是一项滞后指标。如果领导者想要改变工作场所的文化，那么解决企业内部那些阻碍少数族裔进入领导岗位的潜意识偏见往往更重要。

我曾经管理过具有非常多样化背景的全球团队，也和他们合作共事过，这令我意识到，对于许多经理和领导来说，多样性仍然是一个令人不适且不宜公开讨论的话题。在整个职业生涯中，我曾目睹过一些关于多样性问题的沟通，确实非常尴尬。

企业中可能存在很多类型的偏见，在多样性和包容性方面，我们需要认识到的事实是，每个人都可能存在无意识的偏见。电视记者汤姆·布罗考（Tom Brokaw）曾经说过："就像情人眼里出西施那样，偏见往往也存在于相信它的人眼中。"因此，解决偏见问题的关键在于，要培养人们跳出舒适区的能力，使人们愿意反思自身信奉的所谓真理，并明智地选择是否让有害无利的偏见支配我们的行动。

如果你身边的人，在观察问题的视角、职业道路的规划和外部利益方面基本与你趋同，那么了解自己的偏见如何表现在自己的团队构成和领导风格上，就十分重要。包容性的领导者，往往需要通过广泛挖掘不同观点，才能保持客观和健康的视角。不可否认，工作场所之外的非正式人际关系网，是许多人的强大优势，但因为整个网络中的人都持有相同的问题观察视角、有着相同的兴趣爱好和相同的文化背景，这反而会进一步强化无意识的偏见。因此，有包容性的领导者不仅需要对"如何做出决定"保持警惕，还需要在"谁的声音和诉求能被听到，谁被排除在非正式讨论之外"等事情上多加留心。我们是人，所以必然会存在某种类型的偏见，因此在很多时候，学会保持开放的心态，退后一步看问题，挑战自己脑海中默认的基本假设，仍然是有必要的。

毕竟，根据麦肯锡咨询公司的研究（Hunt, Layton and Prince, 2015），在性别多样性方面排名前 25% 的公司，其财务回报高于全美国行业中位数的可能性要高于 15%，而在种族/族裔多样性方面排名前 25% 的公司，其财务回报高于全美国行业中位数的可能性要高于 35%。

作为有格局的领导者，特别是那些来自背景代表性不足的领导者，需要有意识地决定自己要如何应对这种偏见。当然，

第二部分 伟大的领导者该做些什么

处理偏见问题也同样没有"一刀切"的普世方法，但我们都需要认识到，社会中的偏见是由所有人的主动和被动参与才得以存在的，因此，除非我们积极主动地寻找方法干预，否则这些偏见不可能自行消失。

面对偏见，一些人试图从个人的角度出发解决问题，比如尝试融入带有偏见的环境或文化。举个例子，人们会主动给自己取个英文名，以融入所谓的全球文化。我就读商学院时，取了个英文名"史蒂夫"（Steve），并认为这可能会使我跟其他人的交往变得更容易。但我总是感到不自然，最终还是用回了我的中文名，人们常问我名字的读法，我也借此机会，向他们解释了汉语拼音系统的发音规律。我们需要面对的现实是，一些无意识的偏见总是存在于工作场所之中，我们需要学会面对并解决它们。

另一些人则选择独辟蹊径，或是正面挑战挡在前方的偏见。时年17岁的马拉拉·优素福·扎伊（Malala Yousafzai）是有史以来最年轻的诺贝尔奖获得者，她很早就选择了一条与众不同的道路，致力于解决社会的歧视和偏见。在接受BBC采访时，她详细讲述了11岁的自己在巴基斯坦塔利班占领区的生活状况。在当时，女孩是不允许上学的。在《纽约时报》将她的故事拍成纪录片后，一名塔利班枪手企图暗杀她，以报复她发起反歧视行动。然而，塔利班威胁她生命的行径，反而更加坚定了她挑战不公和偏见的决心，她不仅是为自己或巴基斯坦的女孩而战，而是为全世界每一位遭受了不公待遇的女孩而战。后来，她成立了马拉拉基金，其网站的数据显示，该基金会目前正在八个不同的国家和地区开展工作。

谈到职场文化,很多人倾向于接受这样一种观点——"假设对方的出发点是好的",即在初识之际,他们愿意选择相信对方是善意的,或已经尽力表现出善意,而不是立即评判对方。这是因为面对偏见,消极的反应在大多数情况下不会带来任何好处,尤其是与对方同样粗鲁的反应结合在一起时,后果会更糟糕。为此,处理职场偏见的更有效方法可能是采取积极主动的方式,以纠正这些偏见。

帕克兰炼油厂(Parkland Refinery)的杜安·考兹伯(Duane Kozub)同我分享了一个有趣的方法,为解决"遭遇职场偏见时应该如何应对"这一问题提供了很好的示范。他的一位同事是领导团队中的一位年轻女性成员,因为在头脑风暴会上,自己的发言总是湮灭于其他男同事的"大嗓门"中,所以她总是因为自己的声音,在这些讨论中没有被听到而感到灰心丧气。自己的意见被听到之所以如此重要,是因为在很多企业组织中,我们衡量一位领导者是否拥有抱负和雄心壮志的一个标准,往往是领导者提出意见和建议的意愿和能力。

考兹伯的建议是,她可以在会上点名那些嗓门最大的人发言,以此来掌握话语的主动权,例如,她可以说"嗨,马克,你对……有什么看法?"这是因为在一个相对嘈杂的环境中,人们听到自己的名字后,总会下意识地将注意力转移到说出自己名字的人身上。通过使用类似的注意力吸引策略,作为一位有抱负的领导者,你便可以更大胆地建言献策,为讨论会做出自己的贡献,同时也会变得更加自信。

总而言之，我们都需要意识到的是，不管我们如何竭尽全力，偏见都是不可避免的，无论是在职场，还是在社会层面，我们总是要面对一些无意识的偏见。应对偏见的关键在于，我们要有一个准备充分的头脑和深思熟虑的应对之法，而不是在遭遇偏见的当下，在应激情绪的驱使之下盲目反应。同时，我们也应该认识和承认自己身上存在的无意识的偏见，并有意识地通过改变自身的行为，实施切实可行的方法，先改变自身的偏见。此外，要牢记不可孤军奋战，因为如果你想要持续性地改掉偏见，与那些遭遇了类似问题人团结协作，会是一个更有效的方法。

归根结底，领导力就意味着要有自我意识，相信自己属于某个群体，这赋予了领导的勇气和自我信念，相信自己能够为周围的人创造一个有利的环境，帮助他们最大限度地发掘自身的潜力。借用领导力大师约翰·C.麦克斯韦（John C. Maxwell）的一句话："人们不在乎你知道多少，直到他们知道你有多在乎"。

启示

包容和归属感从自我接纳开始，而自我接纳始于自我意识。我们首先要有属于自己的信念，才能有勇气做回真实和坦诚的自我，甚至勇于展示自身的脆弱和不足。面对偏见时，关键是要有一个充分准备的头脑和有意识的方法，而不是在情绪的驱动下，做出应激的反应。

领导力练习

如果你要选择一位潜在的职场导师，你是否会挑选那些有着与你类似或同样经历的人？我的建议是，寻找一个背景截然不同的导师，因为走出自己的舒适区，不仅可以帮助你成长，也有可能帮助对方，这是一个共赢的选择。

第十一章

高效沟通始于有效聆听

> 沟通中最大的问题是有一种假象：误以为沟通已经发生。
>
> ——萧伯纳（George Bernard Shaw）

几年前，英国广播公司报道了这样一则故事：有一个人第一次去墨西哥旅行，但她在询问街头一个冰激凌小贩，何时会有新的巧克力冰激凌时，小贩告诉她："ahorita。"这个单词直译为"现在"。然后她站在原地等了半个小时，也没有看到冰激凌，于是又回去问了一遍，一脸疑惑的小贩给出了同样的答案，或者说，几乎是一模一样的一个词："ahoriiiiita"。后来，她才发现，在墨西哥，"ahorita"这个词既可以指代"现在"，也可以模糊地指"未来某个不确定的时间点"，或指的是"永远不会发生"。距离现在的时间长短，取决于"ahorita"这个词中"i"字母的发音时长（Ring，2017）。

在这个冰激凌的案例中，小贩给出的答案，其模糊性尤为突出。同理，在商业世界中，如何以清晰易懂的方式进行沟通，也日益成为有志于施加影响、激励他人或领导一个组织或团队的人，应该具备的最重要技能之一。

在150年前的1872年3月1日，美国总统尤利西斯·S.

格兰特（Ulysses S. Grant）签署了《黄石国家公园保护法》（Yellowstone National Park Protection Act），世界上第一个国家公园由此诞生。这也是三次独立科学考察的最终成果，尤其是1871年由费迪南德·V.海登（Ferdinand V. Hayden）领导的科学考察团。这部保护法规定："黄石河的上游……特此保留，并从此不允许定居、占用或出售……并作为公共公园或娱乐场地专用，供国民休闲和娱乐。"

在2022年初游览黄石公园期间，我了解到，有效的沟通在推动这部法案落地的过程中发挥了重要作用。在一个没有互联网，缺乏便捷出行手段的时代，探险队宣传黄石公园内各种奇景的方式，在说服国会通过法案的过程中，发挥了关键作用。黄石地区的奇观通过照片、绘画和素描等方式得以展示出来，激发了国会成员的想象力，最终推动了全球首个国家公园的建立，而这一切仅仅是在费迪南德·V.海登率领的探险队出发后的六个月内就达成了。

沟通的重要性不仅仅体现在创建一个国家公园等重大事业上，它在日常生活或商业活动中也同样重要。了解你的听众，不仅仅要求你了解他们的人和他们的观点，还要求确保他们也能够理解你自己的话语，以及你用来沟通观点和结论的思维框架。

"因人而异"：使用不同的语言进行跨学科沟通

回顾我的职业生涯，我先是从一名工程师转型成为一位业务经理，而后也曾与许多才华横溢的法律专业人士有过合作，尤其是在我管理全球技术许可业务的十年工作期间。尽管商业领域的沟通总是充满挑战，但跨行业和领域的沟通更为艰难。

工程师、律师、顾问和商人说着完全不同的专业语言。因此，沟通不畅或误解可能会频繁发生，特别是当多样化的团队必须与外部各方跨界沟通时，强压之下，双方沟通的障碍往往会加剧。

尽管我们要避免以偏概全，因为这可能会导致刻板印象，但每个学科的不同培训体系和方法，的确会使人从不同的角度看待和处理问题及难点。

· 商人倾向于关注底线，并往往更希望先知道结论。商界人士倾向于根据历史经验和二八法则做出判断。二八法则指的是，就任何给定的事件，80%的结果往往由20%的原因决定。二八法则在快速变化的动态商业环境中至关重要，但对于技术背景出身的人而言，这种方法来判断一件事，会显得缺乏足够的探索欲和耐心。

· 技术出身的人往往倾向于关注引发特定结论的逻辑和过程。他们往往认为，需要提供足够的细节和完整的故事，以便受众能够知晓结论的产生过程，但这可能会迷失于细节，从而丢失关键信息的风险。

· 法律专业人士接受的培训会令他们从截然不同的角度看待问题，他们尤为关注于最坏的后果。在所有合同中，协商双方很容易就主要的商业条款达成共识，但除此之外，合同还包含很多法律条款，这些条款都是为低概率、高风险的事项提供保护而设定。尽管法律条款的存在很有必要，但并不是每个人都能够理解其必要性，因此律师可能需要以人们能够理解的方式，予以解释和说明。在商业团队极力促成合作的时候，过度强调法律条款的设定，可能反而会阻碍商谈的进程。

·咨询师，尤其是那些来自大型管理咨询公司的咨询师，大多会特别关注整体的框架和结构。他们试图通过将复杂的商业问题，简化为简单的框架，以创造清晰的思路。虽然这种方法对管理层最为有效，因为这非常契合他们对大局的把握，但并不总是很容易得到技术人员的认同。

因此，高效的领导者需要掌握"因人而异"能力，以便与来自不同学科的人有效沟通与合作。更重要的是，要学会理解对方的观点、说符合对方表达习惯的语言，要有意识地努力减少对话中的摩擦。下面是一些帮助实现高效跨领域沟通的建议。

首先，花点时间从他人的角度思考问题。要实现有效的沟通，我们就必须认识到，每个人在感知周围世界的方式上都各不相同，对你而言很正常的东西，对方就一定会有同感吗？在商业关系或交易中，每一方都有什么诉求，他们为什么会关注事件的发展？如果你意识不到这些差异的存在，那么一条在你看来非常具有说服力或非常合理的信息，对其他各个相关方而言，可能十分陌生。就像第一次在墨西哥旅行的游客听到"ahorita"时，完全无法确定其真实含义那样。同样的道理，如果你是沟通中接受信息的一方，就要努力做一个好的听众，试

第二部分 伟大的领导者该做些什么

着问清楚信息，而不是想当然地做先入为主的假设。

其次，尽可能使用人们能够理解的语言和表述。如有必要，在沟通的过程中，花点时间去澄清那些可能引起混淆或误解的短语和词汇。技术行业的一个突出特点，就是行话和缩写词无处不在，它们可能会令行外人听得一头雾水，根本不知道是什么意思，而对于非法律从业者而言，过于专业化的法律短语或表述可能令人生畏和难以理解。沃顿商学院的约拿·伯杰（Jonah Berger）教授的一项定量研究表明，仅仅是单纯地转换表述的语言，就可以帮助提高客户满意度（Packard and Berger, 2021）。这项研究表明，语言的具体性，即员工在与客户交谈时用词的精准性、具体性或可想象性，可以影响客户的态度和行为。

再次，多用翔实的案例，而不是抽象的概念。当你感觉很难跟对方解释清楚一件事时，不妨退后一步，试着用举例的方法说明问题，而不是不断地重复抽象的信息。不管是什么职业，人们都更容易通过实际的案例来理解概念或逻辑，就提供的信息附以实例，往往比概念性的抽象描述更清晰易懂。

最后，沟通始终与人有关。你对人性了解得越多，就能够更好地获得理解、触发共鸣。不管彼此的思维方式有多么迥异，不管每个人喜欢什么样的沟通方式，我们本质上都是同属于这个世界的人，必然存在人的共性。更好地沟通能够将人们凝聚到一起，带来理解和相互尊重，并推动彼此取得更好的结果。有时候，最好的想法往往源于不同见解的碰撞。

跨文化交流

前文提到的游客在墨西哥购买冰激凌的故事,只是众多类似例子中的一个。

韩语中同样有一个独特而多变的短语"……(uri)",它在英语中的意思是"我们/我们的"。显然,它并不总是像英语中的"我们"那样包罗万象——也就是说,它可能不包括听众,甚至可能不是复数,尤其是在用来指代家庭或国家时。学者认为,这种用法反映了韩国文化对整体而非个人的强调。

我从一位同事那里了解到,"Kal"在印度语中可以同时表示昨天或明天。"Kal"是由"Kaal"衍生出来的词。在印度,Kaal 是指日出到日落之间的时间。因此,"Kal"这个词可以是指从昨天到今天的日出,或明天的日出时间。如果它一个句子中的确切含义是"离今天还有一天",我们只有根据上下文才能知道,这到底指的是昨天还是明天。

日语同样也是高度依赖于语境的语言。这就意味着与日本人沟通时,往往会出现含蓄的、间接的和模棱两可的交流。很多西方公司,在与日本企业沟通之后,便兴高采烈地庆祝业务的达成,但这往往是一个常见的误会,因为随着时间的推移,西方的公司可能会发现,日本人实际上根本不想与该公司合作。举个例子,日语中表达"是"的词是"ha-i",但在不同的语境下,这个词往往表达了模棱两可的含义,与英文中的"I see"("我知道了"或"我听到了")类似,实际上它并不能表达对刚才所说话语的认同或否定。如果你发现与你沟通的日本对象露出疑惑或困惑的表情，即便对方说了"ha-i"，你还是需要反复确认一下对方真正想要表达的意思。

同样，我们在中文中也存在许多模棱两可的表述，很容易引起对方的误解。例如，你可能会经常在商务会谈中听到"我们以后再谈吧"这样的表述，它的意思可能是"我们回头再讨论，有可能是私下讨论"，但也可能指的是"我希望彼此都忘了这回事，并且永远不要再提起"。它具体是什么意思，可能需要你根据上下文，或说话者的肢体语言来判断。

在当今的全球商业环境背景下，我们不仅要具备语言层面的具体性，以确保沟通的清晰度，更重要的是要认识到，我们的合作对象来自不同的文化背景，当你的团队需要在全球各地工作时，这一点尤为重要。即使他们的英语说得非常流利，许多人依然会对超出了自身特定业务或技术背景范围的跨界沟通感到焦虑。即使在同一文化背景下，来自不同行业或从事不同职业的人，对同一个英语单词的解释，也可能会大相径庭。

企业行话对不同的人有不同的含义

在很多企业中，造成沟通障碍的一个因素是行话的过度使用。行话的泛滥降低了沟通的清晰度，极易造成信息错位，再加上员工可能在不同的文化背景中工作，或使用不同于母语的语言进行沟通时，原本想要传递的信息往往会丢失。因此，沟通中避免过度使用行话，有利于建立沟通双方的可信度，还能帮助员工更好地了解沟通的内容和原因。要注意的是，即使选择了一个看似简单易懂的术语或行话，你想要传递的信息，也并不总是那么容易被对方理解。

正如在前文第九章中提到的那样，在讨论"赋权"时，我才意识到，在西方企业界中广泛使用的"赋权"一词，在中文中并没有一个浅显易懂的直接对应词。同样，中文里的"关系"一词，在英文中通常被直译为"relationship"（人际关系），但中文的"关系"显然包含了更多的潜在意思。

颇具讽刺意味的是，我们本以为通信技术的发展可以促进有效沟通，但它却使商业沟通方面的问题进一步复杂化了。比如说，PPT的初衷是促进商业沟通，但反而可能成为商业领域实现清晰沟通的巨大障碍。在使用PPT时，很多企业组织会有意或无意地更重视PPT的呈现方式，而不去关注PPT内容的可信度有多高。所以杰夫·贝索斯在2018年的亚马逊高管会议上，禁止下属使用PPT汇报工作，也就不足为怪了。取而代之的是会议开始前的三十分钟，所有人都安静地坐着阅读纸质版的报告，即一份"只有6页的备忘录，以真实的句子、主题句、动词和名词进行合理的叙述"，而不是试图通过花里胡哨的PPT设计掩盖要点。

毋庸置疑，信息技术的进步加速了沟通的过程，使其变得比以往都要更加高效。随时随地的连接，使地球上的人可以在任何时间、任何地点进行即时沟通。但与此同时，在日益复杂的全球商业环境中，实现有效的沟通，正变得前所未有的复杂和困难。

想要推动任何商业计划获得成功，领导者就必须建立一种有意义的关系，这需要建立在清晰、诚实和互惠的沟通基础之

第二部分　伟大的领导者该做些什么

上。此外，我们应意识到，电子通信并不能取代面对面的沟通，尤其是在双方刚开始建立全新合作关系的情况下。正如心理学教授艾伯特·麦拉宾（Albert Mehrabian）的一项颇具里程碑意义的研究①表明，我们对他人传递出的信息的理解，大约55%来自肢体语言，38%来自说话的方式（尤其是语气、音调、音量），7%来自说话的内容（Mehrabian，1971）。

　　这对于那些员工遍布全球的跨国企业而言是尤为重要的。归根结底，跨地域、跨行业、跨文化背景的商业运作能否成功，不仅仅取决于企业的政策或规则，还意味着要赢得来自不同文化背景的员工的信任和贡献。一家国际化的企业，在实施新举措或调整企业政策时，往往会直接关注客户、投资者和所在社区的反应。不幸的是，它们往往忽视了自家员工对商业目标的理解和认同的重要性，而员工往往是客户或商业伙伴第一时间接触到的对象，他们也是最先传递企业声音的人。因此，出台任何创新或变革的举措，不仅应该让员工了解即将发生的变化，还应该确保员工完全理解和接受即将发生的事情，并知晓变革的原因。只有在员工真正内化了这些举措之后，他们才能成为变革的真正推动者。

　　去繁就简是确保有效沟通的关键因素。Boomerang（一个生产力软件平台）在2016年进行了一项基于四千多万封电子邮件的研究，以确定哪些因素会使收件者回复邮件。结果表明，75—100字的电子邮件获得的回复率最高，约为51%。当电子

---

　　① 麦拉宾在20世纪70年代基于10年的研究提出了"73855定律"，并提出有效的沟通技巧都包含三大要素：肢体语言、声调和说话内容。

邮件过长或过短时，回复率都会下降（Moore，2016）。

关于简化的规则，阿尔伯特·爱因斯坦（Albert Einstein）给出了一个简明扼要的原则："凡事应力求简约而不简单"。在沟通层面确保简约性，需要企业持续的努力和领导层的承诺。追求更多，拥有更多乃人之天性，因此保持简约性的挑战，在于始终保持警惕，明确什么才是真正的、必要的信息。为了保证效率、竞争力和最终的生存，企业需要把事情变得简单化。否则，企业就会受累于自身的复杂性并最终崩溃，正如强盛一时的罗马帝国那样。

如果150年前，费迪南德·V. 海登就能通过有效的沟通，克服信息的复杂性和不确定性，进而说服国会通过《黄石国家公园保护法案》，那么我们也应该利用自身掌握的工具和能力，尽可能推动商业目标的实现，进行更有效的沟通。我们面临的挑战，是如何在一个日益复杂的世界中，找到有效沟通的简单方法。

启示

> 技术的进步带来了高效的沟通，但这不一定是有效的沟通，特别是在跨行业或跨文化沟通的情况下。若想确保任何商业计划能取得成功，领导者必须培养一种有意义的关系，这种关系就要求相关方，在就特定问题进行磋商时，实现清晰、诚实和互惠的沟通。

第二部分　伟大的领导者该做些什么

领导力练习

查看你的电子邮件,统计你有多少次使用了可能难以理解的商业术语或缩写词。同时,查一下你与来自不同学科或不同工作文化的人用电子邮件沟通的次数,然后为自己设定一个目标,并在一个月内提醒自己减少行话的使用。

第三部分

领导力案例分享

第十二章

你成了一名领导者，然后呢

> 做不了一个好的追随者，就无法成为优秀的领导者。
>
> ——亚里士多德（Aristotle）

"所以，我可以跟你说实话吗？我不会给你安排太多任务，这就是事实。而你被安排到我这儿，就好像是让我为其他团队树立一个榜样……要我说，如果你可以在创意部，或者市场部工作会更好……"当你只有不到三分钟的时间，向你的新上司介绍自己，而她却直截了当地告诉你，她的团队不需要或不想要你的加入，你会怎么做？这就是南希·梅耶斯（Nancy Meyers）在2015年的美国喜剧电影《实习生》（*The Intern*）中与领导初次会面的对话。罗伯特·德尼罗（Robert De Niro）在电影中饰演了本·惠特克（Ben Whittaker）一角，是一名在70岁高龄时才入职成为高级实习生的退休人员。安妮·海瑟薇（Anne Hathaway）在剧中饰演朱尔斯·欧斯顿（Jules Owston），是在一家处在快速成长过程中、名为"About The Fit"的电子商务时尚初创公司的首席执行官。

在我为埃克森美孚工作的17年中，曾经给12位经理汇报过工作，并在不同的业务部门中担任过8个不同的岗位角色。

艰辛之旅：如何成为卓越的领导者

我曾承担的每一项工作都不尽相同，每位汇报经理都有着不同的工作期望，在工作参与方式上也各有偏好。随着商业环境的动态变化和新技术的迅速使用，无论在公司之间还是在同一公司内部，岗位都在频繁地变动，这一趋势可能会长期持续下去。在技术行业，人员流动的速度甚至比传统行业还要快。根据美国全国广播公司财经频道（CNBC）的一份报告，谷歌团队员工的聘期中位数是 1.1 年（Bean, 2019）。身为一名有抱负的领导者，突然被委派为一个新团队的领导，这种情况你很可能会遇到，因为有时候这些任命来得很突然，你甚至还没有完全了解自己的工作责任和义务，就得即刻走马上任。

《实习生》这部电影中的本·惠特克，从事的行业与现在的公司截然不同，他主要经营电话簿印刷业务，并且有着多年的领导经验。但现在作为一名"实习生"，惠特克显然没有什么权限，但这并不意味着他不能成为一名卓有成效的领导者。作为一部虚构的喜剧电影，整个故事当然充满了戏剧性，但电影中的场景，与很多刚刚上任成为新领导的人所经历的事情相比，并没有什么太大的不同。

这部电影设计了一些非常有趣和滑稽的场景，讲述了惠特克如何凭借其在领导力方面的"深厚修为"，慢慢地赢得同事的信任，获得首席执行官朱尔斯的尊重和赞赏，并最终成为她信任的朋友、顾问和职场导师。

如果你刚刚获得了一个新的职位，你可能会对这一荣升领导的机会感到兴奋，然而，你周围的所有人，并不一定跟你一样感到兴奋。新官上任的你，可能对自己必须短时间内掌握的所有东西感到焦虑，但同时又渴望向全世界展示自己一身的技能和专业知识。与此同时，即将与你共事的人，可能对你是谁或你在上任之后应该做些什么，有了一些先入为主的期待。

在托马斯·J. 内夫（Thomas J. Neff）和詹姆斯·M. 西特林（James M. Citrin）合著的书籍《现在，你说了算，然后呢？》（You Are in Charge—Now What）中，描述道，"毁灭新领导的种子"在初上任后的一百天内就埋下了。尽管这本书的目标读者是各大企业的高层管理人员，但它提供的很多建议，对所有刚刚上任成为新领导或刚刚转换了职业角色的人来说都非常有用。无论你的职业是什么，在企业中处于什么地位，都可能会经历许多岗位或工作内容上的变动，无论是在公司内部进行调动，还是跳槽到其他公司或行业，都是如此。

领导力原则在任何地方都适用，但对于新上任的领导者而言，就建立信誉和设定期望等方面存在的挑战，则尤为突出。作为一名新的领导者，你往往需要"学会志存高远的同时，保持脚踏实地"，因为关于领导力的最大谬误就是，领导者总是知道正确的答案。在现实中，新上任的领导者必须高瞻远瞩，因为这是了解自己和所在企业组织的潜力的唯一途径，但同时领导者也必须表现得谦逊一些，有人情味一些。

确保期望值的一致性，以建立互信

我们都应该明白，不同的企业组织，有着不同的做事方式，不同的人也有着截然不同的期望。我曾经遇到过那些喜欢凌晨

艰辛之旅：如何成为卓越的领导者

两点发送办公邮件，并期望收件人在早上起床后第一时间回复的经理，也曾与那些更喜欢直接敲我办公室的门，而不是发电子邮件说事儿的老板共事过。有些领导喜欢让下属事无巨细地定期汇报进度，而其他领导则可能希望员工完全靠自己的努力把事情做好。在美国，电子邮件是进行商业沟通的常见手段，而在中国，人们可能已经习惯了使用微信谈公事。

在《实习生》这部电影中，尽管惠特克对工作的期望值是："有一个地方可以去，感觉自己被需要，甚至接手有挑战性的任务并从中获得兴奋感"。但朱尔斯身为首席执行官，则认为招纳惠特克这样一个高龄实习生，不过是公司强压下来的任务，只为了满足社区拓展计划中"资深实习生"一栏的要求。她并不期望从中获得任何有意义的贡献。考虑到自己是一位白手起家的创业女性，好不容易将一个在自家厨房里成立的初创公司发展成为一家拥有 220 名正式员工的企业，她并不希望任何实习生占用她宝贵的时间，因为平日的工作量已经快要令她不堪重负。

在影片中，等做完本章开头那段有点令人尴尬的自我介绍后，惠特克再次确定自己已经充分理解了朱尔斯对员工参与工作的相关规则，而朱尔斯显然并不打算给他布置任何实际的工作任务，她对惠特克说："如果我需要你做事，我会给你发电子邮件。"

"或者我可以每天过来几次，问问您是否需要我的帮忙？"惠特克十分礼貌地试探说。

"我会给你发电子邮件的。"朱尔斯严肃地回答道。

在对话结束时，惠特克重述了朱尔斯的话，并表示，"我很期待收到您的电子邮件……非常期待"。

这是一段简短的对话，但却说明了双方就工作期望值达成一致有多么重要。不管什么时候，当你承担起一个全新的职位或角色，都有可能会出现双方期望值不一致的情况。更重要的是，积极主动地调整利益相关者对你承担的新角色的期望值非常重要，不要默认工作描述的内容就是你的全部工作，也不要想当然地认为，你在获得这个新职位之前，他人告知的你的工作内容就一定不会变。

很多时候，即使是你的上司也不一定明确地知道你的工作内容或职责是什么，你需要自己搞清楚或定义工作内容。出现这种情况时，你可以选择灰心丧气，也可以将其视为展示自身领导力的绝佳机会。

可信度的建立，要以相互信任和专业能力为基础

在本书第七章中，我们提到了理查德·罗卡先生，这位美国格雷斯公司新上任的应用物理实验室主任在上任的前三个月里，只是简单地倾听众人的想法，而没有急于"新官上任三把火"。他选择先与实验室的资助人、项目经理、实验室管理层、员工和社区内的潜在商业伙伴见面和交谈。在所有的沟通完成之后，他才开始与下属的管理层团队一起，确定了团队的愿景："应用物理实验室的成功，意味着为赞助商面临的关键挑战做出重要贡献。"

电影《实习生》中有这样一个场景：惠特克开车带朱尔斯前往公司的仓库，在路上，惠特克选择的路线遭到了朱尔斯的质疑。

"错了，错了，应该右转，走第九大道到汉密尔顿，然后再上高速公路。"朱尔斯说。

"我认为我们应该走第四大道，然后转弗拉特布什大道，这条路更近。"惠特克回答说。

"这条路不会更快的。"朱尔斯有点恼火地说。

"至少能快12分钟。"惠特克笃定道。

惠特克没有直接说朱尔斯错了，而是再次询问朱尔斯："我能试试新路线吗？"

等他们终于抵达公司仓库时，朱尔斯意识到惠特克是对的，并诚挚地表达了歉意。

当你新入职了一家企业组织，认识到自己必须在必要的时候保持自信，在不确定的时候保持谦逊，这一点十分重要，只有如此，你才能获得他人的信任，并建立自己的信誉。要尽可能地避免无谓的冲突，要通过真实和诚实赢得自信和提供建设性意见的权利。要赢得他人的信任，你需要持之以恒地展示自身的领导能力，并始终保持公开透明的工作作风。与此同时，要明确自己的界限在哪儿，并在必要的时候勇敢地驳斥错误的行为。例如，在《实习生》中，当惠特克看到朱尔斯的司机喝酒时，他坚定了立场，因为不管在哪里，酒驾都是不可接受的行为。

激励他人的前提,是了解他们的驱动力

考虑到我们已经身处一个快节奏的时代,大多数人倾向于通过电子邮件、短信或即时通信等方式实现高效沟通。但现实情况是,这些工具都无法传递讲话人潜在的情绪,也不提供任何肢体语言供信息接收方解读。当人与人之间的交流时,因为你可以直接看着对方的眼睛去理解信息,所以面对面的沟通和交流是不可替代的。

作为一名很引人注目的老年实习生,《实习生》中的惠特克不仅会花时间去了解周围同事的需求,在他们需要时提供帮助,还会努力地了解身边的人可能遭遇的问题和他们担心的事情,以便建立更好的人际关系。

很多新上任的领导人,并不了解能够真正激励下属团队和员工的因素是什么,他们常常会先入为主地认为,那些能够激励自己的因素,同样能够激励所有其他人。关于驱动力,另一个常见的误解是,"金钱"总是最关键的驱动因素,而现实情况往往并非如此。物质的奖励固然重要,但金钱不可能是员工唯一能获得的有效激励因素。有些人可能会喜欢公司灵活的工作安排制度,因为他们的目标是实现工作和生活之间更好的平衡;有些人可能会被成就感和额外被赋予重任等因素激励;有些人可能喜欢公司提供的旅行机会,而另一些人则可能为公司致力于服务社会的宗旨而感到热血沸腾。想要激励员工,关键就是要找出团队中每个人身上的不同驱动力,并努力为他们提供所需的激励因素。

指导是双向的

在企业组织中,传统的职业导师制度就是由资历较深的员工,向资历较浅的员工或相对更年轻的员工提供建议和意见,帮助后者发展和成长。现如今,逆向指导的概念在一些组织机构中越来越普及。在逆向指导中,高层的领导者要反过来接受更年轻或职位更低的员工的指导。逆向指导强调,在指导关系中,提供指导和被指导的双方存在技能差距,但都可以从对方身上学到东西。在特定技能(例如,数字技术能力和了解在世界不同地区开展业务所需的特定文化背景)的掌握,或更广泛地组织文化驱动的需求(例如,多样性和包容性的举措,以及如何留住年轻员工)等方面,逆向指导将是一种行之有效的方法。2017 年《赫芬顿邮报》(*Huffington*)就纽银梅隆公司(BNY Mellon Company)旗下博星(Pershing)公司的储备人才指导计划发布了一篇报道,其中引用了一组很有说服力的统计数据,即博星在 2013 年至 2016 年,有 77 名员工通过逆向指导计划参与了轮岗,而他们的留职率达到了 96%(Kantor,2017)。

回到电影《实习生》中双方初次见面的场景,在等待面试时,惠特克借机向朱尔斯的助理贝基征求意见:"在进去之前,你有什么建议吗?"惠特克问道。

"说话语速要快,她讨厌说话慢吞吞的人……无论如何都不要磨蹭。保持说话的快节奏,别忘了眨眼睛,因为她讨厌不眨眼的人,这让她感到厌恶……好了,到你了,赶紧的,麻溜儿地进去。"

很快，你就会看到惠特克在与朱尔斯对话的过程中，刻意地眨了好几次眼睛。

同时，惠特克也做好了随时给朱尔斯建言献策的准备。因为公司的投资方认为朱尔斯已经无法应付庞大的工作量，朱尔斯正面临退位让贤将首席执行官的职务交给一个公司外部人士的压力。

惠特克极力鼓励朱尔斯去思考，她的退让将会给她的权威性造成多大的损害，以及她的创造力可能会遭受何种程度的阻碍。更重要的是，惠特克提醒朱尔斯，她对公司的热情是任何人都无法比拟的。

"你还记得我开车带你去公司仓库的那天吗……当时，我站在你的背后，看着你如何向工人们展示怎么折叠和包装衣服……没有任何其他人能够像你这样，做到如此全身心地投入公司的业务，朱尔斯。对我而言，选择其实很简单。这家公司需要你，如果你不介意我的坦率，你也需要这家公司。其他人或许在经营公司方面的经验比你丰富，但关于这家公司，他们了解的东西永远不如你了解得多。"

"就是在这样的时刻，我需要像你这样，我知道自己可以全身心依赖的人。"朱尔斯承认道。

一方面，新上任的领导者需要保持谦逊，展现出倾听和学习的意愿；另一方面，新领导也可以为新入职的组织机构带来全新的视角，因此所谓的指导，实际上是双向的。

无论你是提供指导的人，还是接受指导的人，健康的指导关系可以成为一条有效的沟通渠道，将企业组织的目标，与个人的领导价值更好地关联起来。

助力他人成功，以实现自我的领导价值

不可否认，商业界是一个竞争非常激烈的地方，但我们可以通过帮助他人实现梦想来获得自身的成功。同时，我们也能找到符合自身领导价值的人生目标和价值。

"我拿到了商业学位，但在这家公司，仿佛我没做对过一件事情……我每天为她忙前忙后14个小时，但她从来没有注意到我的价值。"这段话来自贝基，这位24岁的沃顿商学院毕业生，作为朱尔斯的助理，被上司不断提出的要求压得喘不过气来。她肩负着大量的工作，朱尔斯对此却熟视无睹，这种漠然的态度令她颇为沮丧。

当她被告知有一名70岁的实习生——惠特克——要帮助她分担工作时，贝基自然十分惊讶，并感到自己被轻视了。

惠特克很快提出了一些关于客户消费模式的商业见解，但更重要的是，他确保朱尔斯知道贝基在其中也做了贡献。不仅如此，他还提醒朱尔斯，贝基是一名商科专业的毕业生，还鼓励朱尔斯亲口肯定贝基所做的大量工作。

总而言之，领导力是一种选择。领导者应该主动行动、充分赋权，并激励周围的人追求成功。领导者应该使他们周围的人变得更好。所以，作为一名新上任的领导者，取得成功的最好方法是帮助别人成功。

现在，你觉得惠特克是一名合格的领导者吗？

启示

很多新上任的领导者之所以获得领导职位，是因为他们具备了相当优秀的专业能力。然而，作为组织中个体成员，那些在你还是"个人贡献者"阶段时，助你获得成功和肯定的天赋和技能，很少能够让你成为一名出类拔萃的领导者。许多新上任的领导者都是踌躇满志，且偏好采用"指挥官式"的管理心态，对直接下属进行微观管理，直接规定下属应该做什么，以及什么时候去做。相反地，谦逊的领导者在进入新环境时，更倾向于先做好自我学习和改进，这就赋予了他们更大的灵活性，使领导力的贯彻施行带来更好的效果。

领导力练习

如果你是一位新上任的领导者，不妨采取积极主动的措施，弄清楚谁是你的关键利益相关者，并确保双方的期望是一致的。你可以尝试制订一个90天的计划，并以30天和60天为里程碑节点，这有助于你明确哪些任务是优先事项，进而提高成功的概率。

第十三章

职业变动将是带来影响力的契机

> 在大变的时代，主动学习者将继承未来，而被动学习者将会发现，他们原本熟悉的世界已然湮灭。
>
> ——埃里克·霍弗（Eric Hoffer）

纵观个人的职业生涯，我接触过的初创公司可能有好几百家，但在2021年的某次会议上，我与Exodigo公司的首席执行官杰里米·苏亚德（Jeremy Suard）的会面却是不同寻常的。Exodigo是一家总部位于以色列的初创公司，他们开发了一项用于建筑工程项目的地下测绘技术。杰里米没有直接向参会者展示公司的技术或能力，而是花了30分钟，先提了一些问题，以测试和验证一些与建筑行业相关的设想、探讨如何管理建筑项目、企业作为业主与承包商之间的关系、风险和未知因素等。待会议临近结束，他才非常简要地描述了自家公司目前能够提供的技术和可达到的能力水平。

编写本书期间，我联系了杰里米，想询问他的创业成功秘诀。他告诉我，在冒险创业之前，他曾在以色列特战部队服役。

"在特战部队服役期间，做任何事情都不能想当然。"他解释道，在执行一项任务前，他们必须仔细核验每一处细节，因为这往往决定了任务执行者的生死。

他把军旅生涯期间培养出的这种思维方式，运用到自己的企业经营模式中，并将其运用到极致。对初创公司来说，对设想进行验证是企业成功的关键，但许多初创公司往往忽视了这一点。事实上，我曾经作为一名行业导师，以美国国家科学基金会的"创新企业计划"（I-Corp program）为依托，指导另一家来自化工领域，名为 Osmoses 的初创公司时，我惊喜地发现，基金会计划的全部重点都集中在验证对客户或市场的设想上。

员工的聘任期正变得越来越短

在过去，企业都倾向于直接招聘并培养员工，并且希望他们能为公司长期服务。事实上，我团队里的几位同事退休前都在同一家公司干了 40 年。然而，世界正在改变，而且速度很快。美国劳工统计局（US Bureau of Labor Statistics）的数据显示，雇员（正常领取工资和薪金的体力及脑力劳动者）在他们所属单位的工龄中位数为 4.1 年。此外，25—34 岁的雇员，在单位就职的平均工龄仅为 2.8 年。

虽然"从一而终"可以让员工在退休金和其他福利方面获得更丰厚的回报，但在一家公司"蹲"太久，也会给人留下"您并不关注个人的职业发展"的刻板印象。即便在同一家公司中，出于个人兴趣或组织的需求，员工们也经常会在职能和作用截然不同工作岗位之间流转。从宏观角度讲，甚至是标普 500 指数公司的平均存续寿命也在不断下降，从 1935 年的大约 90 年，跌至目前的大约 17 年（Handscomb and Thaker, 2018；Hillenbrand et al., 2019），公司寿命的缩短，也迫使员工开始寻求兜底的就业选择。

这些变化对领导力的培养意味着什么呢？我们如何将领导力从某个岗位带至另一岗位呢？转换了职位或角色之后，你的领导力有哪些方面需要保持不变，又有哪些方面需要作出调整和适应？万一事到临头，心里有一个应对变化的预设指导框架，总是比事到临头的仓促应对要好。

麦克里斯特尔集团（McChrystal Group）合伙人蒂姆·林奇（Tim Lynch）向我讲述了他的观点："对我而言，领导力的一部分要求就是，要尝试在认知和情感层面上去理智地理解，为了促成我想要达到的结果，我需要在何种情况下，成为怎样的领导？我需要展现出哪些个人特质？是强势还是谦卑，是自信满满还是唯唯诺诺？我如何与外部环境或氛围同频？"

从技术思维到商业思维的转换

对于有工业环境工作背景的人来说，从技术岗过渡到业务岗，是一条司空见惯的职业发展路径，而转业务管理岗，不论好坏对错，通常被视为一条更令人兴奋的职业道路。在此要重点指出的是，解决技术问题和业务管理有着本质上的差异。从根本上说，业务管理旨在强调业务目标，预期的结果通常从一开始就被拟定出来，而技术人员，比如旨在问题解决和探索未知的工程师和科学家，他们的关注点通常在于某个新信息或新事实会导向何种结果。

从更广泛的意义上说，同样的思维方式也适用于专才和通才之争。比尔·盖茨（Bill Gates）曾在他的《盖茨笔记》（Gates Notes）中就《纽约时报》畅销书作家大卫·爱泼斯坦（David Epstein）撰写的《成长的边界：超专业化时代为什么通才能成功》（Range: Why Generalists Triumph in a Specialized World）一书做出如下评论："我认为，微软腾飞的关键原因之一就是，同当时的其他初创公司相比，微软拥有更开阔的思维。我们不仅仅聘用优秀的程序员，还聘用那些在各自行业以及跨领域方面都具备真正广度的人。我发现，这些成员才是整个团队中好奇心最重，想得也最深的人。"

- 虽然技术背景出身的人面对业务问题时，在分析能力方面有着天然优势，但与此同时，他们必须认识到，若想实现岗位角色的成功转换，就需要解决处理业务问题上的思维模式差异。
- 技术问题往往会存在唯一且正确无误的答案，但现实情况中的业务问题，则很少会有唯一的解决方案。因此，试图寻找最正确或最佳答案的做法，往往会徒劳无功。大多数情况下，做出错误的决定，远比不做任何决定要强。对于许多有技术背景的人，没有一个"正确"的答案是一件非常困惑或难以想象的事。
- 有技术背景的人会倾向于把世界看作一台晦涩难懂但具备确定性的机器。正如我们在第八章中所讨论的，客观上复杂的问题和主观上难懂的问题之间，存在一项根本区别。虽然通过技术或分析方法，能有效处理晦涩难懂的问题，但解决复杂难解的问题，往往需要与众不同的方式，即专注于行动，或在实践中学习。

· 技术专业出身的人会自然地倾向于把解决问题的重点放在技术方案上，而在现实生活中，用商务方式的解决方案有可能是一种更行之有效的可替代性选择。举个例子，为某项专利申请许可，通常要比绕开一个专利而开展一系列开发设计所花费的成本更低。重点在于，技术背景出身的领导者，要能够克服固有的偏见，并对新的方式方法保持开放的态度。

· 在"足够好"的情况下，最忌讳的就是依然追求"完美"。技术人员，包括我自己在内，都想尽办法追求完美，为此我们通常都希望尽最大的努力来完美地解决问题。然而，我们始终都要在组织需求与自身对完美的渴望之间做好平衡，并以此为原则，调整付出的努力与预期回报的比重。

· 尽管在技术领域中，独特性和创造性的想法经常能获得肯定和鼓励，但在商业领域，你更有可能会因为做出一些打破常规的事情而面临质疑。不可否认，不管你的岗位角色是什么，创造力对创新都至关重要。然而，首先花时间去理解"为什么一些事情要以特定的方式完成"，也同样重要。

总之，具备深厚专业知识的专业技术人员，也同样能够从避免在业务问题上采用单一方法或唯一的解决方案的思维模式中受益。保持开放的心态，培养从不同角度将事物联系起来的能力，往往会催生出更明智的决策和更好的结果。

转换到新的商业环境

20年前,我曾从美国飞往雅加达,与印度尼西亚最大的一家国有企业的某位高管进行商务会谈。对方是公司的重要客户,我们十分重视此次会面。在会议开始前几个小时,为确定对方是否已经做好了参会准备,公司在当地的联络员提前联系了对方高管办公室。令人惊讶的是,他完全忘记了这次会议,当时正在一家汽修店里修车。他表示,如果我们能及时赶到汽修店的话,他愿意和我们在店里面谈。

我们最终选择了妥协,随后驱车出发,在一条拥挤且狭窄的街道上找到了这家店。整个会议的形式虽然相当随意,但双方的商讨进行得很顺利。尽管在一种不同寻常的环境下举行了会谈,但我们顺利地完成了业务目标,对他在决策方面的业务需求有了更深的了解。

所以,如果你想驾驭世界各地的业务,你不仅要学会适应不同的工作文化,还要学会适应不同的宏观商业环境。

中美两国作为全球最大的两个经济体,许多跨国企业都深耕其中。然而,两国的商业环境是截然不同的。美国基本上是市场驱动型的经济体,商业动态主要由市场这只"看不见的手"驱动,而在中国,政府的政策在推动宏观经济发展方面则发挥着更显著的作用。尽管关于这两大举足轻重但又大相径庭的市场的论述主要基于我个人自身的经验,但它也强调了在这两个由截然不同的商业主导力量和观念模式塑造的商业环境之间进行切换,需要面临独特挑战。

第三部分　领导力案例分享

　　商业战略的制定和执行，是每家企业都需要完成的核心活动，大多数西方企业有一个既定的战略制定过程。企业战略好比是北极星，指引着企业在日常的业务纷扰和不断变化的环境中持续前行。制定企业战略有多种不同方法，但其中的大多数涉及了市场供需平衡的分析，以及利用公司的竞争优势做好市场定位。对于老牌企业来说，他们通常会依靠自身的历史积淀或行业研究来预测未来的商业契机。

　　相较于美国市场的战略制定，在分析中国市场的机会和风险时，一个需要格外注意的根本性差异是：政府政策的影响。一方面，中国政府在几十年前就改革了计划经济体制的核心要素（如价格控制和生产配额），并显著降低了国民经济中的国有制成分。另一方面，政府仍出台了一系列的五年经济规划，在很大程度上确定了未来五年经济发展的优先方向。虽然大多数西方公司具备成熟的市场分析能力，但很少有公司会有一种既有的结构化方法，能将中国政策动态纳入其商业决策过程。

　　现实情况是，在中国市场，企业与政府机关单位开展合作的需求，可能要比世界上任何其他国家都要多。即便在那些政府对市场干预程度较轻的国家，企业也需要更好地了解这些与本国不同的行业动态，而不是单纯地凭借经验做出市场预期。

　　有一些公司，尤其是欧洲公司，在这方面做得相对较好，它们通过雇用了解中国市场、商业环境和文化，且在组织中具备足够可信度的合适人员，最终成功地影响了企业的商业决策。但将中国政府的政策动态，以结构化方法正式纳入企业的决策过程，仍是一项重大挑战。许多公司都是磕磕绊绊地从错误中吸取教训。

姑且不论这些政府政策的质量和优势，需要重点关注的是，企业不仅要了解这些政策带来的影响，更重要的是还要了解这些政策背后的意图。我发现，中国政府在政策沟通方面的透明度正在提升，但要理解政策背后的潜在目标，企业仍需付出更多努力，所以拥有这些远见卓识的公司，往往能够更好地利用中国政府提供的诸多支持。

作为一名心怀抱负的领导者，在不同的商业环境中穿梭忙碌，既令人兴奋又富于挑战。一位得力的领导，不仅可以更好地沟通并清晰地说明如何在不同的商业环境下采用不同的经营方法，更重要的是能解释不同做法背后的原因，如此一来，企业就能获得充足的背景信息，做出更明智的决策。

从"军人身份"转为"平头百姓"

美国劳工部数据显示，美国劳动力总人口中有1.58亿平民，其中又有890万是退伍军人，占美国平民劳动力总数的5.6%（Hylton，2021）。军队的所有部门都非常注重人员的领导能力，部分原因是高退役率导致各部门频繁更换领导。话虽如此，军事领导力并不总是与引领企业获得成功所需的商业领导能力相匹配。对一些退伍军人来说，这种角色上的转变，会是一项重大挑战。

因为我从未有过任何直接的军旅经验，在此讨论军事领导力实属班门弄斧。然而，在与几名成功转至企业文职领导岗位的退伍军人的谈话中，我发现了一些共通点。

首先，军事行动往往由任务驱动。由于需以任务为核心，目标在军队中往往有着更清晰明确的定义。行动的意图、人与人之间的羁绊和同袍之间的深厚友情，都由任务来驱动。许多在军旅环境中获得的技能，在商界也同样具有一定价值，正如本章开头提及的初创公司 Exodigo 的首席执行官杰里米·苏亚德表现的那样。

"海军陆战队在任务重要性的排序上，有着非常明确的规定。在海军陆战队内部，完成任务是首要目标，之后才是个人的荣誉。"麦克里斯特尔集团的合伙人蒂姆·林奇说道。他解释说，这并不意味着队员会被无视。事实恰恰相反，你需要照顾好身边的队员，才能确保他们顺利完成任务。"但是在个人是否能够多睡几个小时，或是设定的目标是否达成之间做选择时，是否拥有充足的睡眠就变得无关紧要了。"

相较之下，商业活动的动机和目标，并不总是能一清二楚地得到定义。事实上，设定明确而清晰的目标，向来是企业组织和团队的一大痛点，而领导力就是要在混乱和不确定中给出明确的方向。此外，从实现工作和生活的平衡角度来讲，企业内的工作任务，并不是人们生活的唯一中心。

其次，与普通大众生活中常见的矩阵式企业组织结构相比，军队的指挥控制型组织结构通常更加清晰明了。此外，军队和商业环境下的领导和执行之间的平衡点，可能也有所不同。我有一位医生朋友曾从一家普通的平民医院转到退伍军人医院工作，她与我分享过一件趣事。据她观察，两种医院收治的病人，有着截然不同的行为模式。她在军医院接触到的病人，大多是退伍军人，同平民医院的病人相比，他们更愿意听从医生的指示。所以，对于一个从军人身份转换到平民身份的人来说，在领导职位上可能首先需要转换心态。

尽管存在诸多不同，但退伍军人会拥有诸多独特的领导素质，再充分结合自身的军旅经验，反而能够助力他们在"平民"环境下的领导工作，取得成功。适应性、主观能动性和批判性思维，都是军人具备的一些比较重要的能力。最重要的是，每一名军人都被教导过，即便无人关注，也要做正确的事情，而这种诚实正直的品质，才是所有组织机构的价值之本。

正如我在第三章中讨论的那样，退伍军人可以有意识地编制一份清单，整理一下在军旅生涯中习得的独特价值观和技能，进而思考如何充分利用这些独特优势，来帮助自己在新单位以及追求新职业的过程中受益。

在更广泛的背景下，对于那些从高度结构化的工作环境中习得经验的人，不论出身于军队、企业或是政府机构，当他们转至另一种结构化程度较轻的工作环境，比如初创企业或非营利组织中时，类似的原则也同样适用。

总之，领导力是与外部环境息息相关的。在不同的情况下，高效的领导力可能有着不同的含义。若想成为最高效且最成功的领导者，要以道德价值观为立身之本，再辅以成长和学习的心态。这就要求领导者既要坚若磐石，又要灵活善变，即既坚定不移地坚守伦理道德，又能与时俱进，灵活调整方式方法。更重要的是，要开放思想、乐于学习。具备正确心态的人会拥有更好的机会，能通过正式或非正式的渠道来获取和整合新信息，不论他们需要将当前的任务与曾经的经验联系起来，还是要为做出正确的决策而构建一套全新的心理框架。Exodigo 公司的首席执行官杰里米·苏亚德所采用的方法，就是一个绝佳的示范。

启示

在不同角色的转换中，特别是跨越不同文化背景下的组织机构之间的转换，了解新组织所处的外部环境，以及如何审时度势地做出不同以往的决策，向来是很重要的。在个人层面上，清楚地知道如何发挥个人的领导才能也同等重要，即要了解自身领导力的哪些方面应保持不变，哪些方面应进行调整和改变。

领导力练习

回想自己上次工作岗位变化的经历，并以此为例，回顾一下自己就领导力的哪些方面作出了调整和改变，并反思这为你带来的惊喜和收获。又或者，你可以就自己希望获得的职位，做一番场景假想，并制订一份详细的计划，说明你需要为这份新职位调整和改变领导力的行为，以及如何管控好这些变化。

第十四章

变革通常始于毫末

动荡时期最大的危险不是动荡本身,而是遵循昨日的逻辑行事。

——彼得·德鲁克(Peter Drucker)

2017年,我在电视节目中看到当时刚刚成为国务卿的雷克斯·蒂勒森(Rex Tillerson)首次从政府官员专机中走出,他曾在我当时所在的埃克森美孚担任了10年的首席执行官。埃克森美孚的许多员工注意到,他是一众官员中,下飞机时唯一手扶梯子扶手的人。他在推动美国国务院改革时面临的领导力危机,以及在时任总统特朗普执政时期,表现出的对总统的影响或碌碌无能一度被媒体大肆报道,当然这已经超出了本书的论述范围。但我想点明的是,很多人都没有注意到他下飞机时,扶着扶手的动作。

"安全"是埃克森美孚企业文化的一大基本要素。上下楼梯时扶着扶手,是公司要求每位员工必须养成的习惯,就连首席执行官也不能例外。

每个组织机构都会有成文或不成文的规定,规定了其运作模式。更重要的是,每个组织都有一套约定俗成的实践规范,曾一度为公司的运作提供良好的支持。但与此同时，领导者往往需要对现状发起挑战，改变事物的既定运行秩序，使企业组织朝着更好的方向发展，因为领导者是进步的引领者。

博·布雷斯林（Beau Breslin）在他的新书《生者的宪法：想象五代美国人会如何重新制定国家基本法》（*A Constitution for The Living: Imagining How Five Generations of Americans Would Rewrite the Nation's Fundamental Law*）中写道：美国第三任总统托马斯·杰斐逊（Thomas Jefferson）曾认为，每一代人都应该对国家的宪法进行变更。他说过这样一句话："地球属于……对生者而言，死者既没有权力，也没有权利。"然而情况恰恰相反，第四任总统詹姆斯·麦迪逊（James Madison）的政治主张，整体上被美国持续沿用至今。他认为，为了维护国家的强大和统一，一部可以"万世传之无穷"的宪法，能最大限度地确保国家的长寿（Breslin，2021）。

在领导者面临的所有挑战中，引领变革无疑是最困难的一项任务。改变一个大型企业组织的前进方向，总是障碍重重，但如果缺乏一种深思熟虑的方法，即使想在业务开展过程中创造一些小变化，恐怕也很难实现。所有人都在困惑万分地寻找答案时，便是领导者提出积极愿景的最重要时刻。正如第七章所述，安迪·格鲁夫和戈登·摩尔曾做出一项重大决定，即让英特尔公司全面退出存储领域，进而专注发展微处理器业务，使英特尔公司成为一代传奇。

在更广泛的层面上，当今压在全球能源领域肩上的三座大山，即安全性、可负担性和可持续性，恰恰为许多公司业务优先的重新评定，带来了新的挑战或机遇。

当自然灾害或目前大规模疫情等外部因素引发变革时，为了有效应对挑战，同"是否要变革"相比，"哪些方面需要变革，以及如何推动变革"才应该是讨论的重点。对于许多企业而言，全球疫情迫使企业关于未来计划的讨论被提上日程或加速推进，就是变革迫在眉睫的一个典型案例。但是，当有人试图推动变革，而外部条件在近期内又没有迫使组织产生这方面的迫切需要时，出于惯性，大多数人或组织会选择维持现状。萧规曹随、抗拒变化是人类的天性，除非我们（迫于外部压力而）不得不做出改变。

在 20 世纪 60 年代初，在理特管理顾问公司（Arthur D. Little）任职时，大卫·格莱谢尔（David Gleicher）创造了一个公式，后经凯西·丹尼米勒（Kathie Dannemiller）改进，最终提出了变革的三项条件（Dannemiller and Jacobs，1992）：

- 对现状有不满；
- 对未来有愿景；
- 对实现愿景有首要的具体步骤。

除非出现一种更强大的力量，打破企业组织维持现状的惯性，将我们从过去的束缚中解放出来，企业组织普遍都会倾向于保持"守成"的状态。只有这三种力量的共同作用力大于组织中的阻力，变革才能发生。那么我们该如何应用这三种力量来推动组织变革呢？

对现状有不满

作为一名业余摄影师，我对摄影行业发展的关注度要比大多数人高。2022年业内放出的重大新闻就是，尼康和佳能这两家最知名的品牌，都停止了新单反相机的研发，并将业务重点转向了无反相机。

单反相机采用镜头和棱镜系统，使摄影师可以透过镜头看到将要捕捉到的影像。而无反相机则取消了反光镜头装置，从而使相机在保障拍摄质量的同时，变得更加轻便小巧。

大约五年前，几乎所有的专业摄影师使用的都还是单反相机，但目前单反的使用率大概只剩下36%，而63%的摄影工作者都已投入无反相机的怀抱（Condon，2022）。这可以说是一场翻天覆地的变化。摄影行业虽然是一个有着200亿美元的全球性市场，但因为不断地被颠覆性的创新重塑，其商业环境的竞争一向残酷无比。

几十年来，直到21世纪初，与许多其他行业一样，摄影行业也有过一段稳定且可预测的增长期。然而，由于技术的颠覆性进步，很少有其他领域会同摄影行业一般，经历一次又一次的业内大洗牌。

好消息是，摄影比过去更受欢迎了，而坏消息是，这种热度是被智能手机的普及带起来的。2020年，搭载了内置摄像头的智能手机出货量超过15.7亿台，是数码相机销量巅峰时期数量（2010年的1.21亿台）的12倍。截至2020年，数码相机的销量只有889万台，其中293万台是无反相机。根据统计数据，专业相机大约只占据了相机总消费量的0.57%，而创新产品，即无反相机的消费量，则只有0.2%。

如果我们借用上文由理特管理顾问公司提出的变革公式，传统的相机生产公司，将如何明确表达它们对现状的"不满"？直到最近，由于快门速度带来的动态摄影的高性能，单反相机被认为要比无反相机更出色。正所谓"没有对比就没有伤害"，众多企业组织和单反相机的情况是一样的，没有比较的时候，对现状的不满并不总是那么明显。正是通过采用新的技术方法，无反相机的性能表现，才能在过去短短几年里迅速赶超单反相机。

因此，虽然有些后知后觉，但尼康和佳能现在都开始将业务重心转向了无反相机。然而让我疑虑的是，这两家公司的改变是否来得太晚了些，因为我预感无反相机或许也会很快在新技术浪潮的冲击之下，变成明日黄花。

"对现状的不满"，有着各种各样的外部或内部来源。对其放任不管可能会使自身被其他表现更好的企业组织逐渐赶超，或者在最坏的情况下，甚至会危及企业的存续。就相机行业而言，颠覆性创新的诞生周期正变得越来越短，而且往往会来自核心业务之外。在这个充满动态化变革的世界里，预测潜在的竞争对手，将会变得越来越困难，正如智能手机的快速普及和无人机摄影技术的问世，从根本上改变了整个相机行业的业态。

为了在颠覆性力量到来时尽早发现行业拐点，领导者不能仅仅关注组织内部的变化，而是要以健康合理的视角来审视外部市场的动态。

艰辛之旅：如何成为卓越的领导者

对未来有愿景

当马拉拉·优素福·扎伊因替巴基斯坦女性争取接受教育的权利而遭到枪击时，她本可以接受仅凭一己之力无法改变社会的残酷现实。然而情况恰恰相反，为了能让每个女孩都能上学，她选择继续斗争。2014年12月，年仅17岁的她成为史上最年轻的诺贝尔奖获得者。

在100多年前的1917年3月4日，珍妮特·兰金（Jeannette Rankin）代表蒙大拿州成为美国国会历史上的第一位女性议员。她的当选有着非同寻常的意义，因为大约三年后，美国妇女才获得了投票权[①]。作为华盛顿州的一名学生志愿者，她曾为广大女性争取投票权而积极奔走。后来，她成为第一位在蒙大拿州议会上发表演讲，以支持妇女获得选举权的女性。她当时本可以接受自己甚至没有投票资格的事实，但因为没有任何一部法律明文禁止女性出任政府公职，兰金充分利用了这一契机。

1967年，凯瑟琳·斯威策（Kathrine Switzer）完成了波士顿马拉松比赛，成为第一位正式参加马拉松比赛的女性，而当时的女性实际上并没有参赛权。虽然那个年代还没有成立专门的女子赛队，但她并没有接受现状。相反地，她选择和男子越野赛跑队一起训练。她的教练曾告诉她，马拉松的赛程对她来说太长了，但她说服了教练，让他在"决定命运的"波士顿马拉松赛开赛前三周，陪她一起跑了31英里（1英里≈1.6千米）。

[①]1920年8月18日，美国宪法修正案第19条出台，规定公民选举权不因性别而受限，即赋予女性选举权。——译者注

在 4 月 19 日位于波士顿的比赛中，曾有一名主办官员数次试图阻拦斯威策，但最终被她男友推倒在地。她不但顺利完成了这次比赛，而且还成了 1974 年纽约市马拉松赛的女子冠军。

在商业环境中，创造与众不同的未来愿景，通常需要战略性变革，并以愿景为中心，将组织上下紧密团结在一起。正如我们在第六章中论述的，大众汽车宣布逐步淘汰内燃机汽车的新愿景那样。大众集团首席执行官赫伯特·迪斯邀请了公司的主要竞争对手——特斯拉的首席执行官埃隆·马斯克参加了一次内部会议（Dow，2021）。这次会议有 200 名大众高管出席，旨在鼓励大众积极进军电动汽车领域。

变革的愿景既可以像优素福·扎伊、珍妮特·兰金或赫伯特·迪斯那样宏伟远大，也可以更个性化，或更适用于小规模团队。在一个团队或小型组织中，通过统一的组织战略，而非简单的权力或权威来推动变革，会容易得多，但关键是要让组织接受新的愿景，以及必须变革的理由。

例如，在当前的商业环境中，投资者开始越来越多地关注企业的 ESG 指标，企业领导者则必须激励他们的组织推动真正的变革，而不仅仅是做出一些隔靴搔痒的改变，以满足监管的要求。领导者不仅要为新的业务活动创建必要的流程，还要清楚地阐明，ESG 是企业股东的基本责任。

对实现愿景有首要的具体步骤

你可能见过人们玩各种各样的多米诺骨牌，看过数以万计的骨牌依次倒下的场景，而大部分的多米诺骨牌游戏，使用的是形状大小相同的牌。

荷兰莱顿大学（Leiden University）的物理学家 J. M. J. 范·莱文（J. M. J. van Leeuwen）用数学模型对多米诺骨牌游戏进行了一项稍有不同的测算，即前一张牌能撞倒的后一张牌的体积，最大不超过其自身两倍大小。他还在油管（YouTube）上发布了一段视频，用 13 块多米诺骨牌演示了这种效应，每一块牌都要比前一块大 1.5 倍。最小的一块只有 5 毫米高，但最后却能推倒 1 米高的巨型多米诺骨牌。如果他能放得下 29 块多米诺骨牌，最后一张牌的大小应堪比帝国大厦（Morris，2009）。

作为个人，我们时常会觉得，生活就像一张挂毯，而自己就是这张毯子上最微不足道的一根线，而这个星球上的每个人，都有可能在某个组织或社会中创造出有意义的改变，但这种错误的谦逊感，则会阻止我们去发掘这种改变。

特蕾莎修女（Mother Teresa）曾说过："我一人之力并不能改变世界，但我往水面抛出一块石头，就能激起许多涟漪。"对她来说，激起的"涟漪"就是那些活跃在 133 个国家，帮助无数艾滋病、麻风病和结核病患者维系家庭的 4 500 多名修女。教会众人还开办了施粥场、药房、移动诊所、儿童和家庭咨询项目、孤儿院和学校等公益设施。

为了让变革能够真正地生根发芽，仅仅提出关于改变后世界的设想是不够的，我们还要知道变革的过程是从何处开始的。要了解你可以在不激起阻力的情况下，凭一己之力能改变哪些东西，以及为之后更重大的变化准备一张可靠的"路线图"。

第三部分　领导力案例分享

我年轻时曾梦想着跑一场马拉松,但因为需要投入巨大的训练和高度的自律,我从来没有想过去实现它,但这个梦想始终留存在我的脑海里。直到 25 年后,我终于鼓起勇气报名参加了比赛,并在 2009 年完成了人生中的第一次马拉松。

回顾我的马拉松追梦之旅,我发现它也遵循了类似的模式。大约 15 年前,我意识到自己没办法继续打篮球了,一是因为需要配合其他队友的固定打球时间,二是这种高强度肢体接触的运动要求往往更严格。出于对现状的不满,一直埋藏在我脑海深处的马拉松梦想,又慢慢浮现了出来。于是我开始定期跑步,但受当时工作安排影响,我的训练计划又总是被频繁的跨境出差打乱。为了保持好这一日常习惯,我在出差时也会带上一双跑鞋。借此机会,我不仅跑过北京、首尔、东京、迪拜、上海、莫斯科和伦敦等地的街头,还沿着科帕卡巴纳海滩(位于巴西里约热内卢,被称为世界上最著名的海滩)和多瑙河跑过步。此外,我还养成了凌晨去健身房节奏跑的习惯来调整时差。

在养成习惯并定期训练后,我终于有勇气报名参加了人生中的第一次马拉松比赛。我给自己定了一个目标,即要获得参加波士顿马拉松赛的资格。转眼 14 年过去,虽然始终事与愿违,我未能获得波士顿马拉松赛的资格,但我成功跑完了 13 场马拉松,其中还包括 2020 年疫情期间的一场只有我一个人跑的比赛,这些都是我引以为荣的经历。

从个人层面推动变革已是相当困难,而从大型组织或社会层面推动变革,无疑更具挑战性。然而,在正确理念的引领下、辅以周密的计划和适当的组织支持，星星之火就能形成燎原之势，进而引发一连串积极的变化，并最终形成不可阻挡的变革浪潮。

1920年9月4日晚，中国留学生刘半农①在伦敦的一间公寓里写下了一首短诗，但他不知道的是，它后来会成为21世纪最受欢迎的中国诗歌之一。这首诗由四段格式相同的诗节组成，诗名为《教我如何不想她》(*How Could I Not Miss Her*)，反映的是他对祖国的思念，而非某个身处远方的爱人。

这首诗本身充满了伤感与诗意的情怀，但更有深意的是，刘先生在诗中首创了"她"字的使用。在伦敦学习语言学期间，刘先生积极投身于西方文学作品的汉译工作。当时他经常会被"如何将英文中的'she'翻译成中文"这个问题所困扰，因为当时的汉语中只有一个"他"字来同时指代男性和女性，所以他不得不把"she"处理成"女性的他"或者"他（此处指代女性）"，这种译法显然很尴尬。有趣的是，日语到今天仍然沿用了同样的表达方式，日语中通常用"彼（かれ）"指代男性，用"彼女（かのじょ）"来指代女性，即在指代"他"的词后面加上具有"女性"（female）意味的字来指代女性，尽管平日里他们更习惯使用各自的名字，或基于社会职位或家庭角色的称谓，而不是他/她等第三人称代词。

刘先生在创作这首诗时，决定为"she"创造一个全新的汉字——"她"，这个字取形于"他"，即把左边的"人字旁"换

---

① 江苏江阴人，原名寿彭，后名复，初字半侬，后改半农，晚号曲庵，中国新文化运动先驱，文学家、语言学家和教育家。——译者注

成了"女字旁"。现在回过头看,这无疑是一项伟大的创造,但在当时却是颇受争议的,他的创举不仅遭到了国内保守派的抨击,就连一些倡导性别平等的女性也纷纷质疑,将原先的"他"字做男女区分是否明智(因为她们将此举视为对女性的贬低)。时至今日,"她"字主要用于指代第三人称女性,但也用来指代祖国母亲。

刘先生只是迈出了一小步,但他打破现状的意愿,则是领导者需要具备的一项重要品质,最后却能促使汉语这种已经流传了数千年的语言产生深刻的变革。

当今社会,商业界的复杂化和互联化正在不断加深,而大多数组织也是如此。对于众多正在努力将变革化为现实的人来说,他们面临的一大挑战,就是如何在关系架构如蛛网般错综复杂又相互关联的组织中从容穿梭。俗话说"牵一发而动全身",改变一件事,很可能会引发众多其他变化,而组织内部往往会来不及做好应对准备。

举个例子,在前几年,数字化转型是每个企业组织都在提的一个流行词。然而,麦肯锡公司发布的一项曾被广泛引用的研究表明,即便在精通数字技术的行业里,数字化转型的成功率也只有26%。对传统企业来说,这个比率只有4%—11%(Boutetiere et al., 2018)。因为仅专注于技术的变革,而不是改变组织文化等根本性的变革过程,许多数字化转型方案都以失败告终。

总之,若想推动组织变革,无论是颠覆性的还是循序渐进式的,你都需要基于组织的现状及痛点,来制定一个明确的行动方案，描绘一幅未来的图景，这样其他人才会有清晰的了解，然后再采取一些小而具体的步骤，向大家展示实现组织变革的可能性。

正如"圣雄甘地"说的那般："用一种温柔的方式，你同样能撼动世界。"

启示

> 企业组织总会倾向于保持"因循守旧"，除非出现一种更强大的力量来打破现状。与普遍认知正好相反的是，人们畏惧的不是变化，而是变化带来的不确定性。若要让变革成功"生根发芽"，人们需要制定一个经过深思熟虑的框架。清晰表达对现状的不满，以及描绘未来愿景的能力固然很重要，但确定好实施变革的第一个具体的小步骤，往往是将愿景变为现实的关键。

领导力练习

> 你可以根据自身所在的企业组织的情况，确定某项你想要改变的现状，并用理特管理顾问公司提出的变革公式，来对现状的不满意之处进行定义，继而描绘出未来的发展图景，并确定好变革的具体步骤。

第十五章

不必死磕"僧多粥少"的升职加薪

最困难的事莫过于下定决心去做,剩下的就只是坚持而已。

——阿梅莉亚·埃尔哈特(Amelia Earhart)

本·罗斯利斯伯格(Ben Roethlisberger)曾说道:"领导力是你自己争取来的,是你选择的结果。你不能进门就喊:'我是你们的领导!'如果这个方法奏效了,那只是因为其他人都很尊重你。"罗斯利斯伯格是原美国职业橄榄球大联盟(National Football League,NFL)匹兹堡钢人队(Steelers)的四分卫,23岁时率领钢人队赢得了第四十届超级碗(NFL职业橄榄球大联盟的年度冠军赛)的最终胜利,成为美国橄榄球历史上最年轻的冠军四分卫。在上个赛季,他还只是个第二轮替补四分卫,因为排在他前面的两名老将都受了伤,他幸运地得以上场。遗憾的是,在2005年的赛季中,他在对战西雅图海鹰队时,没有发挥出最佳水平。事实上,这是他职业生涯中传球表现最差的一场比赛。但他不够完美的表现,也足以帮助球队赢得了比赛。无独有偶,新英格兰爱国者队的首发四分卫德鲁·布莱索(Drew Bledsoe)受伤后,作为第一轮替补的汤姆·布雷迪

（Tom Brady）上场后大放异彩，将他沉稳的比赛技巧发挥得淋漓尽致。在汤姆的带领下，爱国者队在之后的20年里取得了18个赛季9进超级碗，6次夺冠的惊人成绩。

罗斯利斯伯格和布雷迪显然都具备了优秀的竞赛技巧，但更重要的是，他们在意料之外的成功契机降临时，都已做好了充分的准备。正如英国前首相温斯顿·丘吉尔说过的一句妙语："每个人在一生中，都会遇到这样一种特殊的时刻：当有人轻拍着他们的肩膀，并给予他们一次机会，去做一件非常特别的事情……如果这个最荣耀时刻到来了，而他们却没有准备好，那就真是一场悲剧了。"

为了帮助心怀抱负的员工建立信心，让他们承担新的责任，并逐步成长为合格的领导者，几乎所有企业组织都投入了巨量的资源。然而，世界正变得越来越多变且难以预测。传统的商业战略、计划和实施方式所面临的挑战日益严峻。因此，领导者需要兼具适应性、机敏性和灵活性以应对颠覆性的变化。传统的职业发展道路，可能不再适用于当下的情况。如今，踌躇满志的领导者，必须保持好自身的灵活性，因为应对意料之外的状况，正日益成为新常态。

当机会来敲门时，请做好万全的准备

不幸的是，要"做好准备"，我们需克服两大难点。

第一个难点是"该准备些什么"，而答案并不总是显而易见。有时候，我们在猝不及防的情况下，就要面临公司内部的

第三部分　领导力案例分享

岗位变动或跳槽到新的公司或行业的情况。正如我们在第十三章中讨论的那样，25—34 岁的员工，在公司里就职的平均年限约为 2.8 年。而心怀抱负的领导者则不需要为某项特定的工作做好准备，而是需要明确知道"如何才能最大限度地发挥自身潜力"，以及"在个人层面上领导力该如何展现"。这些反思可以指引你去探寻更符合个人价值观和目标的发展机会，并促使你为此做好准备。

第二个难点就是所谓的"许可悖论"，约 20 年前出版的《卓越事业的五个法则》（*The Five Patterns of Extraordinary Careers*）（Citrin and Smith，2005）一书对此有过描述："没有相关经验就得不到这份工作，而得不到这份工作又无法积累相关经验。""许可悖论"正是许多人在职业生涯中面临的一项重大障碍，也是许多意气风发的领导者需要克服的痛点问题。这本书的两位作者提出了一些策略，即通过将间接的暗示性许可（你可以去做，因为没人说你不可以）转化为直接许可（你可以去做，因为有人说你可以），以及将许可转化为行动来摆脱这一悖论的束缚。

作者还指出，基于他们在知名猎头企业史宾塞·斯图亚特公司（Spencer Stuart）所做的大量工作，在人们的职业生涯中，改变命运的机会是十分有限的。如果能充分利用这些机会，人们的职业方向就会产生积极且戏剧性的转变，本·罗斯利斯伯格和汤姆·布雷迪二人就是很好的例子。

此外，我们必须主动出击，去寻找这样的机会，而不仅仅是"坐等好运来敲门"。仍以汤姆·布雷迪为例，当发现爱国者队越来越"走入歧途"时,他于 2020 年冒着巨大的风险,离开了原本非常熟悉的环境,转而加入了坦帕湾海盗队(Tampa Bay Buccaneers),并带领该队夺得了 2021 年的超级碗冠军。

当机遇悄然浮现时,学会发现它是一项很重要的能力,但其本身则更青睐那些在心态上就已经做好准备去"发现机遇"的人。

沦为业务流程的"奴隶",只会毁了职业前途

培养领导力的传统方法,往往侧重于"在管理层逐步晋升",即表现出色的员工通常会被"提携"到管理岗位任职,以便在管理层级中继续"向上攀升",并随之承担起更多的责任。然而不幸的是,促使普通员工成为高绩效职员的个人性格特点和一系列技能,并不总是与成为得力领导所需的条件相匹配。

在大多数传统企业组织中,关于产品开发或投资的重要决策,通常是通过结构化流程来确定的,例如罗勃特·G. 库珀(Robert G. Cooper)[1] 博士在 30 多年前,就产品开发而推出的"门径管理流程"[2](Cooper, 1993)。"阶段—关口"流程是一种项目管理技术,即将一个计划或项目通过决策节点划分成几个

---

[1] 新产品管理领域里的世界级专家,门径管理程序奠基人,目前这一程序仍被世界上众多的主流公司广泛地运用于新产品的开发与面世。它为近数百家企业的新产品项目提供咨询。——译者注

[2] 库珀和艾杰特在 20 世纪 80 年代早期提出了门径管理流程,也叫"阶段—关口"流程(Stage-Gating Process,SGS)。随着行业需求的不断变化,门径管理流程也在不断更新。——译者注

不同的阶段。在今天，大型企业组织中的大多数研究项目、产品开发计划和资本投资决策，是通过这个流程来管理的，只是根据各自企业的情况，在基础模型上做出微调而已。

然而，越来越多的人开始认识到，虽然门径管理流程依旧是决策制定的重要基础，但如果盲目应用，它并不总是能充分应对当今高度动态化的市场环境。在最近一场由麦肯锡咨询公司和项目投产学会（Project Production Institute）组织的网络研讨会上，"阶段—关口"流程在资本投资决策方面暴露出的根本性问题被重点提及（Arbulu，Fisher and Hartung，2021）。

首先，技术进步和市场变化的步伐明显加快，在当下日新月异的环境中，在为企业获取竞争优势方面，决策的速度和灵活性起着至关重要的作用。因大多数的商业决策需要在缺乏完整信息的情况下做出，而"阶段—关口"流程自带的严谨性，往往导致团队试图去解答那些可能并不总会成为关键性任务的问题。相反地，领导者就需要基于一定的知识信息做出决定，承担相应风险，并学会"快速失败，快速学习"。

其次，"阶段—关口"流程会促使团队过度专注于如何把项目进展推向下一个阶段，而不去考虑整体的业务目标。但对时间节点要求比较高的项目，注重总体目标则有助于尽早确定制约因素和合理的工作优先级。

从根本上说，"阶段—关口"流程的目标，是通过尽量减少出错，来确认和管控潜在的风险。但这一过程可能会在企业内部催生出一种"厌恶风险"的文化氛围，并在企业需要转型变革时，将风险和回报之间的天平倾斜至过于保守的一端。

最后，所有的管理流程，都是要服务于业务目标的，而不是反过来。我们始终需要认识到这样一个事实，即流程并不能适用于所有的场景，具备恰当的心态来开发与目标适配的应用流程才是正解。否则，一味地拘泥于既定流程，只会带你走向穷途末路。事实上，这个道理不仅适用于投资项目决策，也同样适用于研究项目和产品开发。

举个例子，"创新"从本质上讲，是一个充斥着不确定性和模糊性的混乱过程。随着技术进步和业务变化的节奏不断加快，按部就班式的流程通常不再能够很好地支持创新业务的开展。相反，企业组织需要把重点放在对新想法的关键假设进行识别和验证，如此方能"快速失败、快速学习和快速进步"。

当某事行不通后，每个人都能找出一堆失败的缘由，但要将一个好主意变成真正的创新，则需要卓越的领导力。

以项目为核心的领导力

在 20 世纪，价值创造来源于效率和生产力的进步，而运营管理则是其中的关键。根据《哈佛商业评论》发布的一篇最新文章，从项目运营到项目经济是一种根本性的转变（Nieto-Rodriguez，2021）。换句话说，通过更频繁的组织变更、新产品的更快开发和新技术的更快应用，企业的发展正越来越多地被短期项目所驱动。

为了本书的出版，我登门拜访了全球顶尖的保险集团——法国安盛集团美国子公司安盛信利的建筑部总裁加里·卡普兰

第三部分　领导力案例分享

（Gary Kaplan）先生，他就"许可悖论"这一问题同我分享了一种有效的思考方式。除了在安盛集团任职外，他还是非营利性组织成果速成计划（Rapid Result Initiative, RRI）的主席。该组织旨在以项目为媒介来释放一线企业团队的作用，进而对各种复杂的社会问题施加变革性的影响力。该组织还会鼓励团队设定看似不合理但实际上可信度比较高的目标，并利用高度的创新、协作和执行力来实现这些目标。这个组织在20多个国家的政府项目和社会改造工作中，开创了"百日挑战法"，涉及流浪人口收容、医疗保健、工作场所安全以及刑事司法系统等多领域的工作。

成果速成计划的官网上重点介绍了多米尼加共和国的一个项目案例，即成果速成计划与世界银行和圣多明各理工大学（Instituto Técnologico de Santo Domingo, INTEC）开展合作，加速和深化该国的参与式治理进程（Rapid Results Institute, 2022）。经过圣多明各理工大学的课程培训和面谈之后，多米尼加共和国的司法部门新设了两项重大罪名——严重抢劫和性暴力。负责新增罪罚的两个团队，由来自7家机构的50多名员工和领导人员组成，他们为自己设定了一个颇具挑战性的目标，即争取在短短100天内，处理5倍的严重抢劫和性暴力案件。值得注意的是，在挑战的第50天，两队几乎都完成或超过了他们最初设定的目标，接下来他们选择了进一步突破自我，并在最初目标设定的数量上继续增加。

可持续性审查（sustainability review）的来临标志着百日挑战的结束，多位政要出席了审查会议，其中包括了多米尼加

艰辛之旅：如何成为卓越的领导者

共和国司法部长让·罗德里格斯（Jean Rodriguez）博士，他表示："如果我们不做出改变，那么就不会有任何改变。"

上述方法对于企业的业务计划也同样适用。例如，为了给特定的商业机会或技术开发创造清晰度，一种被称为"冲刺型周期"（sprint）①的流程正被越来越多地用于创新活动。在我退休前亲自主导的一项"冲刺型周期"项目中，我们从公司的六个不同部门抽调了八位观念和专业知识都大相径庭的员工，组成了一个团队，随后进行了两个月的"冲刺型周期"项目短期演练。这次的演练，是为了一个可能举足轻重的项目做准备，但它需要一个全新的、专门的团队，因为这个可能的新项目，与现有的公司组织结构并不适配。在"冲刺型周期"项目团队组建之前，关于这个项目，我们没有明确的重点，团队在很长一段时间内也没有取得什么重大进展。

受到了新冠感染疫情影响，团队成员之间甚至从未线下见过面。我们只是每周开一次会，由预先委任的子团队领导主持，旨在互相分享关于项目计划不同板块的知识，如技术、商务、监管和机会评估等。通过这些会议，团队能够迅速否定或确认某些关键的假设，通过与内部和外部专家合作，调和不同的意见，并就后续的走向提出具体的建议。整个团队以项目为导向，成功绕过了传统企业组织的障碍，并最终取得了合理的进展。

在以项目为中心的领导力和以组织为中心的领导力之间，

---

① 属于敏捷管理中的一个概念。——译者注

存在着根本性的差异。

首先，持续时间较短的项目，通常有着明确的目标定义和清晰的业务目标，"有付出就会有回报"的行动效果也会更明显。其次，不考虑各个企业的不同组织文化，一个人在组建敏捷团队时，可能会具备更多的灵活性，同时又能减少官僚主义的影响，而敏捷团队的负责人则可以快速做出决策。此外，对团队领导或企业的业务来说，为一个具备了明确时间线的短期项目组建敏捷团队，是一种风险相对较低的举措。

一个典型的敏捷项目团队，一般由 10—15 个来自不同组织的成员构成。因此，项目领导人必须培养出一种能力，即通过一份赞助声明（sponsorship statement）来为团队确立一项未来愿景，并借此确定团队的发展机遇或问题。此外，领导者还必须从团队发展机遇的角度，对利益相关者进行"游说"，借此鼓动团队外的人员积极参与，并吸引其他组织积极"上车"——所有这些都是领导力养成的必要成分。

如果你是一名胸怀抱负的领导者，重要的是要转变心态，即从"一路摸爬滚打至管理层"（这条路既狭窄又充斥着激烈的竞争），到寻找并主动牵头以团队为导向的项目，你可以借机展示自身的领导才能，在迅速创造业务影响力的同时，又能减少官僚主义带来的障碍。

正如我们在第四章中讨论的那样，与传统的、基于组织的管理方法相比，以项目为中心的计划，需要我们更多地关注如何在"缺乏权威"的情况下，施加足够的影响力。因为你很可能会接触到更多的利益相关者，你必须让更多的人愿意为你的理念和愿景"买单"，你必须在越来越多样化的团队成员之间，培养出信任感和信誉感。正是通过这些努力，你才能学会领导技能，成为一名合格的领导者。

加里·卡普兰先生在同我面谈后总结道："对我来说，领导力的最佳养成方式，你知道的，就是去做项目！"

启示

一路摸爬滚打至管理层，其过程往往拥挤不堪且竞争重重。相反地，主管以团队为导向的项目，可以更有效地彰显个人的领导能力，催生出业务影响力，并最终促使你成长为优秀的领导者。

领导力练习

确定某个你想去解决具体的问题，无论是在工作场所内还是在生活中，然后制订一份不超过一页纸的计划，需包含一个明确界定好的、在60天内可以实现的目标，并为该计划准备好相应资源，并就以下问题做出解释：一旦项目成功，它对"利益相关者"有何意义？

第十六章
尊重文化差异

当人们出去工作的时候,不应该把心留在家里。

——贝蒂·班德(Betty Bender)

"我叫布兰登·卡佩蒂略(Brandon Capetillo),是贝城市长……也是一家工业用气供应商——法国液化空气集团(Air Liquide)的质量经理,市长只能算得上是一份兼职。"我依然记得,卡佩蒂略先生给出这番自我介绍时,时任广东省惠州市市长一脸困惑的表情。

2018年,埃克森美孚计划在中国推进一个投资项目,我接待了时任的惠州市市长(惠州距离香港不远)。在他访问得克萨斯州期间,我们安排他会见了贝城市长,因为该市是全球一些规模最大的石化工厂的所在地。

中国各个地市的市长,都奋战在中国城市化进程和推动经济增长的前沿。地方政府的公共支出,占据了全国公共支出的很大一部分,其中包括教育、医疗、失业保险、社会保障和福利等所有公用事业开支。中央政府在促进经济增长方面,赋予了地方较大的政策自由,积极鼓励地方开展获得中央批准的政策试验。

惠州是中国的一个三线城市，人口约有250万。惠州市市长的任职要求极高且责任繁多，包括亲自参与双方正在商谈的投资项目的许多具体事项的决策。不出所料，这些工作都需要通过一个庞大的行政管理机构来支撑。

在会议上，听到布兰登先生称"市长身份只是兼职"时，考虑到这座城市坐拥一大批全世界最大规模石化企业，惠州市市长既深感震惊，又充满困惑。交谈的双方都没有充分理解并认识到，不同的社会和文化结构导致人们对两国政府领导的政治期望存在根本差异。文化差异可能会造成多方面的挑战。

"Just Do It"可以说是有史以来最著名的一句广告语。耐克多年来一直秉承着这一理念，公司的商标也是家喻户晓。有趣的是，我从未在任何地方见过中文版的广告词，谷歌上也搜索不到任何官方译本。

作为世界上最成功的一家运动服装公司，耐克并没有选择简单地把引领企业取得成功的英文广告语复制粘贴式地翻译成中文。因为这句短语具有很明显的行为导向性，很容易引起美国人的共鸣，而且在英语中，这个短语自带简短有力的特点。然而，没有一个中文译本能很好地表达出这句话的精神内涵，至少我还没见过令人满意的中文译本。相反，耐克已经开创了好几个不同的广告语，以及适配其在不同市场的特定营销活动。

多年来，中国一直是耐克公司规模最大的盈利市场之一。正如耐克首席执行官约翰·多纳休（John Donahue）在2021年第一季度的电话财报会议上指出的那样："耐克的企业战略是通过业务成果来反映我们与全球消费者之间的深度联系"（Nike，

2021）。耐克在中国取得的巨大成功，某种程度上要归功于其成功的本土化商业策略。例如，借助中国发达的电商生态，耐克在中国 42% 的销售额，通过电商渠道达成，而全球范围内这一比例，却只有 20%（Daxue consulting，2022）。

考虑到世界的复杂多变本质，简单地将文化划分为东方或西方文化，显然过于笼统，但我们仍然可以在不受刻板印象影响的情况下，讨论领导力在不同文化背景下的内涵。

自 1 000 多年前马可·波罗（Marco Polo）到访中国以来，人们一直对东西方文化的差异兴趣盎然。一方面，工业革命率先把欧洲推上了全球领先地位，并对东方世界领导哲学的基本信仰造成了冲击，中国更是首当其冲。另一方面，中国的经济发展，在过去 40 年里取得了前所未有巨大成就，8 亿人口实现了脱贫，这一壮举引发了关于东西方领导力差异的进一步争论。

两种不同文化背景下的领导者，在思考问题时有何差异？这对跨国公司的全球化运营有何意义？接下来我会尽力与诸位分享自己的看法。

"放眼长远" VS. "步步为营"

大多数西方企业制定的商业战略通常附带一个三到五年发展前景和年度经营计划。但很多企业，尤其是上市公司，往往要额外承担来自金融机构提出的季度性业绩的压力。

从文化角度来看，同典型的西方文化相比，亚洲文化普遍要更倾向于"放眼长远"。正如中国较高的储蓄率所体现的那般，人们愿意牺牲短期内的物质需求或社会生活方面的成功，甚至是短期内的情感需求，以便为未来的变化做好准备（Zhang et al.，2018）。亚洲人通常非常关注未来的走向，会用动态的眼光看待事物，习惯"凡事都要留一手"，并更注重一个人的恒心、毅力和适应能力。

中华文化中"放眼长远"的特性，自然会促使人们更注重建立长期关系，这种逻辑在中国的商业模式中也有所体现，即商业合作在传统上会倾向于降低契约精神的重要性，更多地强调人与人之间的信任和关系。虽然在现代商业环境中，仅凭人际信任和关系已经不足以促成商业合作，但理解这一文化背景仍然重要。这种强调长久的文化氛围，也促使人们在做出决策时更加倚重历史的经验。过去发生的事情，可视为对现在和未来做出正确判断的参考依据，而西方文化则更注重当下。

对中国的西方公司来说，"放眼长远"对"日新月异的当下"，两者的结合产生了一种十分有趣的两极分化。在过去的几十年里，社会的快速变化给企业带来了一种"机遇稍纵即逝"的紧迫感，当市场机遇"才露尖尖角"，企业就要迅速出手，不然只能错失良机。

在中国市场经营业务的西方商业领袖必须了解的是，在恰当的商机出现时，如何在"长期愿景"与"保持灵活和学习的意愿"之间保持好平衡。尽管看起来有违常理，有些公司甚至采取了一种"伺机而动"的方法，即在等待合适机会的同时，预先做好相应准备，以便在条件成熟时能够迅速开展行动。成功的领导者必须在推动短期成果达成的同时，又能根据竞争环境和工作方式发生的巨大变化,重新思考企业战略。

"情境化思维"VS."线性业务流程"

西方的分析性思维,即把某一理念依次建立在另一种理念之上,构成了现代科学方法的基础,对工业化、现代化和西方法律框架产生了深远的影响,商业界人士也同样不例外。

以业务情境中的门径管理流程为例,它作为一种项目管理技术,通过决策节点将一个计划或项目划分为不同的阶段,可以说是线性思维过程的完美体现。为此,你经常会发现,很多西方公司都是按一定顺序线性化的程序开展企业活动,而中国公司则倾向于采用"多头并进"的工作方法。

在跨文化的商务谈判中,人们常常会注意到,双方都不能完全理解或认同对方的逻辑风格。

中国文化注重横向或更全盘化的思维。在更偏向集体主义的社会环境中,人们思考问题的方式更倾向于"整体化",会更注重"关系"和当前情况的"大背景",而在个人主义主导的社会中,人们则倾向于独立关注各类因素,并认为情况是相对固定不变的。有些人把这种差异归因于西方人的独立型自我意识和东方人的互依型自我意识之间的区别,还有人则归因于中国传统哲学与古希腊分析方法之间的不同。

有趣的是,文化差异也在语言上有所体现:汉语是主题显著型语言,而英语则是主语显著型语言。根据英国广播公司的一篇报道,若要从一组单词中选出两个相关的词,比如"火车、公共汽车、轨道",西方人可能会选择"公共汽车"和"火车",因为两者都是交通工具。相比之下,习惯从整体角度思考问题的人会选择"火车"和"轨道",因为他们关注的是两者之间的功能关系(Robson,2017)。

在西方,人们往往相信绝对真理,认为思想或行为的真假对错,甚至是好坏,都是永恒不变的。但在东方,一件事是真是假,是好是坏,取决于所处的情境、个人的角度和时机。以中国哲学中经典的太极图为例,它由黑白两个鱼形图案连接而成,寓意着宇宙中的一切事物,都蕴含正反两种力量,但整个符号又表达了两种相反力量相互依存和相互渗透,最终达成了整体和谐的概念。

这种思维模式在商业情境中的一大体现,是对政府政策和法规的解读。在西方人眼中,监管的灰色区域就是撤出业务的信号,但对于许多在早期行业相关法律法规体系尚未完善时就发展起来的中国公司来说,人们可能会根据社会背景来对这些灰色地带进行解读。有人甚至说,缺乏明确性是一种特色而非漏洞,因为它可以使政府能够在不同发展阶段,为不同的社会阶层,提供"必要的灵活性"。

为此,在深耕中国市场时,如何应对好监管的模糊性,同时又成功地规避相关风险,是西方公司在决策过程需要着力解决的一个问题。虽然采用线性流程的方法在西方的商业环境中能够实现商业成功,但在亚洲的商业环境中,往往会遇到阻力。

第三部分　领导力案例分享

不同的领导力行为

在许多亚洲文化中，"自我推销"往往是贬义的，通常含有"不自量力"的意味，且每一种亚洲文化中，都有与之相对应的负面比喻。比如在日本就有"露头的钉子，欠锤的货"之类的措辞，而中国的说法则有过之而无不及，即"枪打出头鸟"。许多人都是在类似注重谦逊的文化氛中长大的，要自己主动去"引人注目"，多少会有些心理抵触。

然而在美国文化中，情况就截然不同了。坚定的自信是美国文化的重要组成部分，尤其是在商业界，每个人都认为自己的表现优于常人。当被问及个人能力时，有94%的美国教授认为他们要优于年均水平（Robson，2017）。即便是"不要自吹自擂"之类的话，也常常被用于"谦虚地自夸"，比如"我不是在自吹自擂，我工作起来确实要比大多数人快得多"。

虽然自卖自夸通常被视作一种不良品性，但在工作表现出色时，给予自己精神上的鼓励，也无可厚非。因为承认自己的成功，有助于增强自信，促使自己为未来的成功做好准备，所以你没必要总是用自谦将自己的光芒完全掩盖起来。

在领导力的认知方面，过度谦逊有时会被视作缺乏领导力的表现。哈佛商学院教授莱斯利·约翰（Leslie John）在《哈佛商业评论》上发表了一篇文章，我希望能与诸位分享其中的一些重点内容，比如关于"如何保持自谦与自夸之间的平衡"，约翰教授在文章中提出了一些很好的建议，帮助我们在保持适度谦逊的同时，避免过度地自夸（John，2021）。

艰辛之旅：如何成为卓越的领导者

- 有问必答。如果有人希望你提供一些信息，或回答一些问题，来展示自己优秀的一面，那就积极响应。
- 找一个能给自己"撑腰"的人。没人会特意找个"吹捧者"来跟自己一起上班，但你可以在单位里找一个，他可以是你的同事、老板、导师或赞助商，他们会很乐意为你说话——只要你在提出此类请求时表达出足够的尊重，相信他们很乐意出言相夸。
- 如果有人出乎意料地在公开场合对你称赞有加，大可不必刻意地"自贬"以示谦逊，你可以表现出轻描淡写的样子，一个微笑或者一句简单的"谢谢"就足够了。

我最近拜访了帕特丽夏·德尔加多（Patricia Delgado）博士，她的博士研究主题是关于西班牙文化对美国西班牙裔领导能力的影响。西班牙裔千禧一代分别占据美国千禧一代总人口的22%，以及占西班牙裔总人口的25%，在这一时代大背景下（Delgado，2021），企业组织和领导者该如何获得对西班牙裔千禧一代的理解和认知？

"我们这代人为家庭纷纷牺牲了自己，而这些想要走出西班牙裔圈子的千禧一代和 Z 世代[①]的年轻人也同样面临着来自同代人的挑战。""家庭"在任何一种文化中都有着重要意义，但通过这个例子，德尔加多博士想表达的是，"家庭"在西班牙裔千禧一代的眼中，有着与上一代人截然不同的内涵。

---

① Z 世代（Generation Z），通常指 1995—2009 年出生的一代人，千禧后一代，这个群体已占到世界人口的30%，占中国人口的20% 左右。——译者注

一方面，绚烂的文化确实为新一代员工提供了家庭支持这一独到的好处。另一方面，从领导力和对企业组织的责任义务角度来看，与家庭保持亲密关系的行为，可以有不同的解释。举个例子，如果与家庭保持紧密联系意味着不愿意去离家太远的地方工作，这一举动在企业看来，会被视为没有尽到对企业组织的责任和义务。

德尔加多博士的研究是为了确保西班牙裔千禧一代以及他们的下一代，作为美国未来人口的一大"主导群体"不被忽视。与此同时，这项研究还旨在提升社会对阻碍西班牙裔在专业领域和领导岗位上更进一步的一些障碍的认识。德尔加多博士显然不提倡为了商业上的成功而抛弃自身的文化背景。然而，了解自身文化以及其中特定的价值观如何在全球商业环境中相互影响，是在企业环境中与不同文化背景出身的人沟通各自优势和劣势时，每个领导者必须迈出的第一步。

在招募和发展西班牙裔千禧一代成为新一代领导者时，了解潜在的文化背景可以帮助企业组织及其领导者确定潜在的挑战，并制定相应的有效应对方法。

总而言之，虽然业务在本质上正变得越来越全球化，但误解和错位的文化构建仍会给企业组织带来持续挑战。地缘政治格局的变动可能还会增加更多的复杂性。然而，许多公司仍在努力开拓、经营或深耕新兴国家市场，希望从不断壮大的全球中产阶级、新一代的社会人才阶层和新一轮的创新增长浪潮中分得一杯羹。

基于我们自身先入为主的观念，来预判他人的行动或动机，并非成功的关键。领导者要有包容性，必须考虑根植于不同商业文化中的根本差异，并开发出创新的方法来进行商业决策，以便企业在多样化的文化背景下取得持续的成功。

我们必须尊重和考虑彼此的文化差异。正如作家西蒙·斯涅克所言，我们必须"以他人想要的方式对待他人"，而不是"以自己想要的方式对待他人"。

启示

> 即便商业在本质上正变得日益全球化，误解和错位的文化构建仍在持续给企业带来挑战。重要的是，我们不仅要了解自身的文化，还要了解与我们共事之人的文化，以及这些文化的独特价值观，如何在全球商业环境中相互影响。为了在不同的文化环境中获取持续的成功，我们必须关注不同商业文化中根深蒂固的根本性差异，并通过创新方法来做出商业决策。

领导力练习

> 人们有时会把文化比喻成一座冰山，只有20%是可见的，剩余的80%则是隐而不显的。我的建议是，先确定一些你自己的文化价值观或特征，虽然看不见摸不着，但它们可能会潜移默化地影响你的决策或领导方式。

第十七章

失败乃成功之母

> 唯有远行过，且经历过苦痛之人，日后才能苦中作乐。
> ——《荷马史诗·奥德赛》(Homer, The Odyssey)

艾米·尤杜卡（Ime Udoka）是美国职业篮球联赛（NBA）的传奇波士顿凯尔特人队的新秀教练，尽管球队的名声如雷贯耳，可大多数人可能没听说过这个教练，但正是他的才华，使波士顿凯尔特人队成功打进了 2022 年的 NBA 总决赛，只差一点就能开创新纪录，成为荣获 18 次 NBA 冠军的球队。凯尔特人在休赛期聘请了尤杜卡担任主教练，借此敲开了成功之门（Goss，2022）。

尤杜卡曾是美国职业篮球运动员，为了留在 NBA 联盟，他尝试了各种机会，后来成功转型，成了一名助理教练，虽然备受尊敬，但他总是无缘主教练一职。

"我可以一一列举被多少球队拒绝……这的确令人难以接受，因为我相信自己已经做好了准备。"尤杜卡在接受雅虎体育（Yahoo Sports）采访时说道。尤杜卡在担任凯尔特人队主教练时已经 43 岁，在此之前，他曾在三支不同球队担任过助理教练。对他来说，通往成功的道路充满了挑战，每一次的拒绝，

艰辛之旅：如何成为卓越的领导者

无疑是令人沮丧的，但求职过程中的挫折，并未令他放弃，相反，他始终保持着从容的心态，并不断地重新审视自我。

"（每次被拒后）我会试着自我提高，根据面试给出的反馈，了解在其他人眼中，我有什么样的弱点。"他在雅虎体育的采访中说道："对我来说，我认为这很简单。我曾是一名球员，是一名老将，也当过角色球员，在我整个 NBA 的球员生涯中，我只签过两份保障合同（guaranteed contract）[①]，这些都让我为可能遭遇的拒绝做好了准备。如何克服被拒？总是要戒骄戒躁、埋头苦干，把困难的时期熬过去，再想方设法地把事情做好。不要怨天尤人，要自己想办法搞定问题。这就是我真正想要传授给团队的东西，但对身为教练的我来说，摆脱困窘之境，然后继续勇往直前才是正确的做法。"

就在本书快要收尾之际，尤杜卡和凯尔特人队同时迎来了一件始料不及的事情。因被曝与球队职员之间存在不正当的工作关系，他在整个 2022 赛季面临被禁赛。正如我们在第二章中讨论的那样，这个例子进一步说明，领导者的言行举止，必须在道德层面上对企业组织承担应尽的责任和义务。

作为一名领导者，尤杜卡不仅要对自己和家人负责，他还需要对年轻的凯尔特人队承担举足轻重的责任，因为这支球队

[①] 总体上，NBA 的合同可以分为保障合同和非保障合同。保障合同的意思就是，不管出现任何情况，球队都不能终止这份合同，都需要按照合同约定的数额支付工资。NBA 大部分球员的合同是受保障的，尤其是那些职业生涯表现稳定的球员。通常来说，非保障合同在一些边缘球员（球员生涯初期或末期）身上比较常见，或者在球员的某个长期合同的末期（球队会与球员设立特定条件，在指定日期结束后转为保障合同）。——译者注

距离登顶只有一步之遥。然而，在凯尔特人这头"千里马"急需"伯乐"的特殊时期，他个人有失检点的行为，不仅破坏了与家人的关系，其职业生涯也大受挫折，甚至面临终结，同时更是为球队带来了难以估量的损失。他是否有机会重掌凯尔特人队仍未可知，但我希望他能从中吸取教训，重新成为一名优秀的球队领袖。正如人们常说的那样，你是如何跌倒的并不重要，重要的是如何重新站起来。

人们总是喜欢欢庆成功，但通常对失败三缄其口。通往成功的道路往往充满了挫折和失败，所以心怀抱负的领导者，必须以积极的心态面来对各种拒绝。事实上，英国前首相托尼·布莱尔（Tony Blair）曾经说过："领导的艺术在于说'不'，而非说'是'；后者是轻而易举的。"

风险投资家在做出投资决定之前会拒绝超过95%的申请人，而常春藤联盟名校每年都会驳回90%以上的入学申请。如果你敢说自己从未体会过被拒绝的滋味，那么很可能你从未求过职、比过赛或谈过恋爱，但这样的人生，未尝不是一种缺憾。学会把"被拒"视为一项证明，即你已具备足够勇气，去承担风险并获取这个世界能够给予的广泛体验，并为你所取得的成就感到自豪。

借用美国作家史蒂夫·马拉博（Steve Maraboli）的一句话："回顾过往人生，我发现，每次我都是自认为被好事拒之门外，而实际上，这是再次引导我去追求更美好的东西。"这种看待生活的方式是多么的积极！它完美地阐明：生活的意义不在于你身上发生了什么，而在于你怎样回应这些发生在你身上的事。我相信我们每个人都曾在生活或工作中被拒绝，并因此而感到沮丧，满脑子想的都是"我本能够"和"我本应该"等假设，但马拉博先生对拒绝的描述，为我们打开了一个全新的解读视角。更重要的是，失败更是最快速的学习方式。

自从三十多年前来到美国，我搬了很多次家。每一次换地方，我们积累的许多东西都会被送人、回收甚至直接扔掉，但我一直保存着一百多封我在麻省理工学院完成博士学位之后找工作的拒绝信，其中包括了1988年合并前的埃克森（Exxon）和美孚（Mobil）公司发给我的拒绝信，没有什么特别的原因。但后来我入职了新组建的埃克森美孚，并在这家公司工作了16年。

早在这些拒绝信之前，我就已经历了许多挫折，每一次都可能会改变我的人生。1977年我高中毕业后，第一次参加高考就落榜了，不得已去农村劳作了一年，第二年才被大学录取。大学毕业后，我考研失败，在地方政府单位干了一年，第二年才成功"上岸"。后来我又打算去日本读博，但日本的学校拒绝了我的申请，后来峰回路转地收到了麻省理工的录取通知书。

我的前半生便是如此在磕磕绊绊中过来的，但我想大家在生活中都会遭遇类似的经历。正是人生道路上的曲曲折折，让生命变得有趣、有意义、有价值。在我看来，自己的人生虽然称不上独一无二或超凡脱俗，但确实非常有意义。在逆境和竞争中奋勇战斗，只会为我们人生的阅历之书添加精彩的页面。坦然接受"被拒绝"的风险，可以让我们在面对未来时，变得更富远见和深谋远虑，为日后可能出现的任何阻碍做好准备。

被拒绝并不一定意味着你不够优秀，只能说对方可能没有认识到你的价值所在。

关于风险承担，贾雷德·戴蒙德（Jared Diamond）教授在他的书《昨日之前的世界：我们能从传统社会学到什么？》（*The World Until Yesterday, What Can We Learn from Traditional Societies?*）中做出了如下类比（Diamond，2012），也是对冰球传奇人物韦恩·格雷茨基（Wayne Gretzky）[①]的名言"对于从没射出的球，错失率就是100%"这句话的进一步诠释：

> "来自新几内亚的朋友们，会很懂格雷茨基的妙语，他们还会额外补上两个注释。第一，更贴近常规社会生活的类比是：如果你真的会因失误一球而受到惩罚，但你仍然会选择击出这一球，只是第二次会更加谨慎。第二，一个冰球运动员不能永远守株待兔地等着完美的击球机会出现，因为一场冰球比赛只有一个小时。同样，正常的社会生活也是有各种时间限制的。如果你不冒险去寻找水源，几天内就会渴死；如果不冒险去找食物，几周内就会饿死；无论你做什么，也很难延年历百，寿越期颐。"

我们每个人都必须通过辛勤奋斗，才能超越过去，赢得当

[①] 韦恩·格雷茨基在1961年1月26日出生于加拿大安大略省，加拿大职业冰球运动员，全球冰球传奇人物，得到2 857分的伟大冰球手，现为凤凰城郊狼冰球队（Phoenix Coyotes）的股东和主教练。——译者注

下。人生不在于开局摸得一手好牌,而在于要如何把一手烂牌打好。其中的关键是,你要明确地知道,自己的追求要与个人的根本价值观和人生目标保持一致。只要你的追求合情合理,是一种正向的动机,比如梦想、激情、想要帮助他人或服务国家的意愿,或是为家人争取更有保障的未来,那就永远不要放弃。只有当你得到正确动机的激励时,引诱你半途而废的各种声音才会消散。

所以说,这世上没有真正的失败,只有成功,或值得吸取的经验教训。我很感谢我的父母,他们培养了我努力工作和积极向上的心态。要永远保持乐于学习的状态,从别人的成功中获得灵感和动力,但不要因旅途中的颠簸而走上歧途。要保持积极和专注,因为坎坷较多的那条路,往往才是实现人生理想的最佳路线。

在一次由"化失败为激励"(FAIL! Inspiring Resilience)的非营利组织主办的论坛上,哈佛商学院艾米·埃德蒙森(Amy Edmondson)教授曾就企业的失败发表了自己的看法。她提出了"可预防型失败"和"智慧型失败"的概念(FAIL! Inspiring Resilience,2019),即要尽可能避免"可预防型失败"的产生,而"智慧型失败"只要没有脱离"明智假设"的范围,那么还是属于常规业务决策框架下的预期结果,而关键就在于,决策者应该对冒险的原因有着清晰的认知。事实上,商业创新本质上需要更多的"智慧型失败",这意味着,进行"明智假设"并对其开展检验是很重要的环节。这就是企业组织快速失败、快速学习、快速决策,并最终成功的原因所在。

领导力的养成，也应该遵循类似的思路。承担经过精密计算的可控风险，既是生活的一部分，也是成长的驱动力。美国泛亚机械科学工程协会（Society of Asian Scientists and Engineers）的一项研究显示，对商业和职业风险的反感，是限制许多亚裔专业人才发挥领导潜力的一大常见因素（Hirotsu，2021）。我的个人经验同样表明，愿意接受非常规的任务，虽然蕴含风险，但往往能在此过程中创造职业机会，或者获得成为领导者的契机。

实现个人成功是一回事，但确保持续的成功的确不易，因为我们需要不断地"满足"自己的渴望，重新点燃我们的愿望，但更重要的是，我们必须持续不断地重新确立自身的领导价值和目标。

作为一名自 2009 年以来，每年都会参赛的马拉松资深爱好者，我会从长跑运动员的角度来解释这种情绪。

2017 年，我在得克萨斯州休斯敦林地购物中心（The Woodlands Mall）附近的滨河跑道（The Woodlands Waterway）处看到过一个标牌，上面写着一句话："旅途本身就是收获"。寥寥几字，却道尽了我多年来的长跑训练历程。

即便不是优秀的运动员也可以跑马拉松，你只需要持之以恒。跑马拉松是在挑战自己，而非跟别人竞争。你的出发点应该在于提升自我，而不是去打破任何纪录。跑步这项运动最大的一个好处就是，只要你想跑，年龄从来都不是问题。2015 年 5 月 31 日，哈丽雅特·汤普森（Harriette Thompson）女士以 92 岁的高龄参加了圣地亚哥举办的摇滚马拉松赛，成为有史以来跑完全程马拉松的最年长女性（McLaughlin，2015）。2022年，她以3小时42分56秒的成绩完成了半程马拉松，再次创造了新纪录。所以，我也打算尽我所能地去跑。

事实证明，我们的职业生涯，包括领导力的养成，和跑步是一样的。专注于特定的目标可能会令人厌倦，而为了追求最后的成就感，也只是一时之快，所以旅途（跑步的过程）本身才是最大的奖励。

在此以著名音乐人安迪·洛夫（Andy Love）的一首流行歌曲的歌词作为结语："不是跌倒后才想飞翔。当你梦想成真，就会不可阻挡。勇敢尝试，追逐太阳，发现美丽。我们将在黑暗中发光，点石成金。有梦想就有希望。"

启示

成功固然值得庆祝，但我们很少会谈及"被拒"二字。虽然我们应尽量减少"可预防型失败"的发生，但只要还在"明智假设"的范围内，"智慧型失败"仍旧是常规商业决策框架中的一个环节。

领导力训练

慢慢回顾你最近遭遇的一次"挫折"，最好与工作相关。说明问题所在，并写下你从这次经历中学到的三个收获。

第四部分

结论

第十八章

领导力调查分析

没有数字就无法理解这个世界,但世界不能仅仅通过数字来理解。

——汉斯·罗斯林(Hans Rosling)

本书很大程度上借鉴了我身为一名国际化商业高管的个人奋斗和成功经历,但其中的许多故事也包含了其他领导者在决策和团队或组织领导方面的第一手经验或个人见解。当然,我不希望本书受限于我的个人经历或因此而潜在的偏见。

除了我个人进行的诸多访谈,领英的 25 万[①]名粉丝也为本书提供了源源不断的灵感,此外我还发起了一项领导力调查(网址:https://www.onbecomingaleader.net/survey),在更广泛的社会层面上,收集了大众的意见和建议。

大规模的线上调研,是为了更好地了解心怀抱负的领导者面临的挑战,以及他们对领导力的看法,让本书更能贴近他们的需求。更具体地说,通过半定量分析的方式,这项调查拟验证我对领导力养成的一些假设和设想。

与此同时,通过调查搜集到的一些见解和反馈,可以引发

---

① 现有 29 万的领英博客订阅者。

艰辛之旅：如何成为卓越的领导者

关于领导力的进一步讨论，并能为个人和组织的决策，提供客观公正的数据参考。这项调查不会应本书的出版而结束，相反地，我希望有更多人会因阅读了这本书而继续参与此项调查，如此一来，我们对领导力的探索之旅就可以延续下去。

本项调查的重点是领导力的以下几个方面：

- 你为什么想当领导？
- 何为领导力？
- 领导者有何关键作用？
- 是什么造就了卓越的领导者？
- 对有抱负的领导者而言，最大的组织障碍是什么？
- 作为有抱负的领导者，成功的关键因素是什么？
- 有抱负的领导者应避开哪些致命误区？
- 要成为有抱负的领导者，最有效的方法是什么？

编写本章内容期间，我收到了来自全球各地约560封调查反馈，这个样本量相对较少，仍不足以使我得出确切的结论。此外，该项调查并不具备充分的科学性和严谨性，所以也不一定具有代表性，但调查提示的一些新模式，仍为我们提供了一些颇有价值的信息。

在深入解读调查结果之前，我基于自己的体会和见解做了部分总结，在此同大家稍做分享：

- 意料之中的是，企业组织并没有花足够的时间和精力去

第四部分 结论

探究"是什么因素在激励员工成为有抱负的领导者",只有不到40%的企业职工被单位问到"你为什么想当领导"。因此,企业开展的"领导力培训项目"通常是由组织的目标驱动的,但它可能会与身为个体的领导者相关或符合其心意,也可能不会。

·所有成功的企业都必须实现其组织目标,但根据调查结果,绝大多数人把"员工激励和发展"列入领导者的首要任务。这不一定会与企业的目标产生矛盾,因为企业要持续产出,总是需要激励员工来积极参与。

·调查结果表明,在大多数人看来,要成为有抱负的领导者,有一项能力是成功的关键因素,即通过同理心、有效沟通和自我认知,来同他人建立起真正的信任和联系。信任,这一看似抽象的概念,在帮助领导者建立真正的人际纽带方面至关重要。高信任度的人际环境可以让人"做回真实的自己"。当人们全身心投入工作时,他们不仅更富创造力,而且效率也会更高。考虑到我们当前正在与肆虐全球的新冠感染疫情做斗争,这一点在困难时期尤为重要。

·同样,作为一名领导者,将个人利益置于团队利益之上,无疑会导致你在最短的时间内失去他人的信任。在有格局的领导者眼中,"个人利益至上"无疑是最为致命的错误,其次则是"微观管理"(micromanagement)[①]和"犹豫不决"。

[①] 在微观管理中,管理者透过对被管理者(员工)的密切观察及操控,使被管理者达成管理者所指定的工作。相对于一般管理者只对较小型的工作给予一般的指示,微观管理者会监视及评核每一个步骤。在实际工作当中应避免过度的微观管理,把管理的重点放在那些需要改进的地方。这个名词一般在使用上带有负面的意思。——译者注

·最后，调查的反馈结果，验证了"领导力始于自我认知"的假设。结果显示，"改变自我认知"是培养抱负型领导者的最有效方法，其次则是培训和指导。调查结果既证实了我开始写这本书时产生的直觉，也帮我理清并明确了这本书的重点，即"自我发现"和"自我认识"。同许多正式的企业领导力培训项目相比，只要应用得当，"自我反思"和"资深前辈的指导"就能更有效，提供更好的投资回报。

领导力调查结果的详细内容如下。

受调人群统计

地区

虽然大部分反馈来自北美地区，但其他来自世界各地的朋友对此项调查的积极参与，亦让我倍感欢欣鼓舞。我收到了来自全球各个地区的反馈，其中北美约占49%，欧盟和亚太各占13%，非洲占6%，其余则来自中东和南美。虽然来自不同文化背景的受访者，可能会对领导力的含义产生不同的解读，但在探求真正的领导力知识和内涵方面，大家都有着共同的渴望。

受调人的职务角色

受调人中约有9%属于企业最高管理层，28%属于副总裁或部门领导等高级管理层，44%来自初级管理层，比如经理、主管和团队负责人等，而其余的19%则自称"个人贡献者"。

值得一提的是，大多数受调人已然在各自单位中担任着形形色色的领导职务，而非那些只是渴望成为领导者的员工。

关于领导岗位的经验及年限

在领导岗位的工作经验方面，职业早期、中期和后期的分布相对均匀，有0—5年领导岗经验的人群占27%，5—10年经验的人占21%，10—20年经验的占27%，担任领导超过20年的有25%。在我看来，这种数据分布情况反映出了一个事实，即领导力的养成是不间断的，并确实贯穿了个人职业生涯的全过程。

你为什么想当领导

82%的受调人都曾问过自己：为什么想当领导？然而只有39%的受访者表示，自己所在的企业曾问过他们这个问题！这也验证了我的一个假设，即很多企业组织并没有花足够的时间和精力去思考：是什么因素在激励员工成为有抱负的领导者？因此，"领导力培训项目"通常由组织目标驱动，这可能会与个人的领导力价值观相一致，也可能并不总是如此。如果企业组织不能更好地了解激励员工成为领导者的动因，它们便会在内部组织优化和新一代领导层培养方面面临持续的困境。

何为领导力

关于"什么是领导力？"这是一个开放式问题，我只要求受调人提供在他/她看来，能够最确切定义"领导力"的三个词汇。根据反馈结果，人们普遍认为，领导力需以优秀的个人品质为基础，包括诚信、正直、毅力和求实等。然而，领导力也是个人品格、能力和领导行为的结合。不出我们所料，答案很宽泛，但其中也不乏有趣的共同模式。

我在下面按出现频率的高低，罗列了受调查人群给出的15个高频词汇：

远见、激励、服务型领导、同理心、支持、榜样、诚信、良师益友、方向、倾听者、激励者、引领、影响力、沟通大师、放权

上述词汇清一色地表明，人们普遍希望能从领导者那里获得启发和远见。他们期望领导者能够激励、支持并为新一代领军人物的成长和发展提供机会。这并不意味着人们不关心业务成果或企业目标，但它确实要求领导者需在达成业务成果和培养人才之间保持合理的平衡。

领导者有何关键作用

就这一问题，我们请受调人就以下描述进行打分：2分代表非常同意，1分代表同意，0分代表既不同意也不反对，−1分代表不同意，−2分代表非常不同意。调查结果如表4-1。

表 4-1 领导力作用分析表

内容	分数
领导者最重要的作用是激励和培养员工	1.73 分
领导者最重要的作用是要发展组织文化	1.32 分
领导者最重要的作用是为组织树立发展愿景	1.18 分
领导者最重要的作用是实现组织目标	0.91 分

上述四种领导者的作用显然都很重要。如果缺乏能够指明激励或培养员工、建设组织文化、发展愿景和实现组织目标的领导者,企业组织就不可能获得成功。值得一提的是,据调查结果显示,"激励和培养员工"被认为是领导者最重要、最关键的作用。

是什么造就了卓越的领导者

同上,我们就本问题的答案提供了下列选项,请受调人分别打分:2 分代表非常同意,1 分代表同意,0 分代表既不同意也不反对,−1 分代表不同意,−2 分代表非常不同意。调查结果如表 4-2。

表 4-2 造就卓越领导者的原因

内容	分数
价值观(如诚实、正直、守信等)	1.75 分
性格(如激情、勇气、信念、果断等)	1.6 分
技能(如同理心、沟通能力、技术专长、谈判技能等)	1.45 分

技能固然重要,但领导者的价值观和性格更是重中之重,

而许多公司的"领导力培训项目"都把重点放在了领导技能上，而非花精力去思考"如何确保员工价值观的一致性"。所以企业组织面临的问题是，若要培养出优秀的领导者，我们该如何去注重员工的价值观和性格培养？

对有抱负的领导者而言，最大的组织障碍是什么

调查结果显示（见表4-3），缺乏职业导师或推举人或教练以及缺乏包容性的企业文化，被认为是领导力养成的两项最大的组织障碍，而两者在某种程度上是相互关联的。根据调查结果，千篇一律的"领导力培训项目"不能有效满足每位心怀抱负的领导者的个性化需求，也不能始终将个人的领导力价值观与组织目标衔接。与此同时，正如第十章所述，标准化的领导力培养过程可能会强化人们的无意识偏见，不利于创造更具包容性的工作文化。

表4-3 领导者组织障碍

内容	占比
缺乏职业导师/教练	18.9%
缺乏包容性的公司文化	15.4%
缺乏诚实的反馈	14.6%
缺乏信任	13.3%
缺乏领导机会	12.7%
缺乏领导力的培训	11.8%
缺乏榜样	9.8%
缺乏渠道网络	4.2%

作为有抱负的领导者，其成功的关键因素是什么

调查结果显示（见表4-4），对于有抱负的领导者而言，其成功的关键因素是，他们能通过优秀的沟通技巧、彰显同理心和良好的自我认知而与他人建立起真正的联系。他们也是一群能够适应变化的人。

表4-4 领导者成功的关键因素

内容	占比
沟通技巧	18.2%
人际交往技巧和同理心	17.7%
知机识变	15.8%
自我认知	9.2%
可信度	8.2%
人员管理经验	7.0%
活力和热情	6.4%

有抱负的领导者应避开哪些致命误区

调查结果如表4-5所示。

表4-5 领导者需避免的误区

内容	占比
将个人利益置于团队利益之上	18.4%
微观管理而非授予团队自主权	13.5%
为避免失败而害怕做决定	12.1%

续表

内容	占比
出现问题时不能承担责任	7.8%
不能让人们负起责任	7.8%
一味坚持"正确",而不考虑如何影响决策	7.3%
坐等安排,而非主动承担责任	7.2%

将个人利益置于团队利益之上。说到做不到会让你在最短的时间内失去信誉。

微观管理而非授予团队自主权。感觉自己在工作中有被认真倾听的员工,认为自己有能力把工作做到最好的概率是其他人的4.6倍(Beheshti,2019)。

为避免失败而害怕做决定。不愿冒险,反而是职业生涯中最冒险的一项举措。正如第九章所述,在日常生活中我们有多少次被臆想出来的种种限制和恐惧所阻碍。

出现问题时不能承担责任。如果领导者不能担责,那你与团队之间的信任很快就会受到冲击。领导者的正直和信誉,就是最重要的资产。只要培养起来,它们就能发挥非常强有力的作用,一旦失去,便会造成毁灭性的后果。

不能让人们负起责任。"负责"不是简单地承认错误和接受谴责,它关乎承诺的履行。培养责任心需要在期望值、能力以及衡量标准方面有明确的要求,另外还要有明确的结果。如果你没有理清方向,那最后必定会走入歧途。这一点对个人和组织都是如此。

一味坚持"正确",而不考虑如何影响决策。光来一句"我早就告诉过你了",对你没有任何好处。想想亚里士多德的劝导理论以及在树立信誉方面的见解。

坐等安排,而非主动承担责任。想一想领导力的"双圆理论"和"大象被细绳拴住的故事"。对于你本可以去大胆追求和实现的东西,不要成为那头被身上的小绳子束缚的大象。

要成为有抱负的领导者,最有效的方法是什么

与"领导力始于自我认知"的假设一致,调查结果显示(见表4-6),要培养有格局的领导者,"自我反思"被认为是最佳的选择,其次则是"指导和引领"。

表4-6 成为有抱负的领导者的方法

内容	占比
自我反省	20.3%
指导和引领	19.0%
表现的反馈	15.1%
在职岗位培训	13.1%
正式的领导力培训项目	12.6%
承担颇具挑战性的工作	11.4%
读书	5.7%

"自我反省"有多种不同方法来实现,但关键是要养成一种习惯,让它成为我们大脑中不停重复的"例行差事"。例如,为了避免被各种会议和电子邮件打断反省的进程,我本人习惯在

艰辛之旅：如何成为卓越的领导者

周五的某段固定时间内做一次结构性反省，想一想本周有哪些关键事务？哪些进展顺利，哪些不顺利？我从中学到了什么？我是不是可以做得更好？我也会把较为关键的学习收获写下来，方便日后参考。

在团队层面，我始终记得 30 年前为东京周边的一家日本公司做项目时的经历。在我驻场的两周里，团队每天早上都会花大概 15 分钟的时间来梳理当天的关键事务。一天的工作结束后，团队还会留出大约 30 分钟来回顾今日发生的事情，并互相分享所有的重要经验和收获之后才会下班。虽然此举更多的是出于规划和运营需要，但这种演练迫使每个人都能从团队角度出发，对当天的关键事务以及学习收获进行反思和总结。

只要方法正确，"领导力职业指导"可以比许多正式的企业领导力培训项目更富有成效。《哈佛商业评论》近期发表了一篇关于"领导力职业指导"的文章（Sandvik, 2022），其中提到了发生在美国呼叫中心的一个案例，在这个案例中，"领导力职业指导"的投资回报率约为 870%。然而，大多数公司的"领导力职业指导项目"，仍是暂时性的或是仓促上马的。

有格局的领导者必须要积极主动地搜寻"导师和教练"，而不是指望企业的领导力培训课程能发挥奇效，让你摇身一变成为合格的领导者。上述提到的文章中还叙述了两个颇为有趣的研究发现：首先，研究中的"领导力职业指导项目"必须是强制性的才会有效。因为一对一地提供指导通常是不现实的，所以企业组织面临的挑战是要先明确需要指导的对象。其次，据该研究的发起人之一克里斯托弗·斯坦顿（Christopher Stanton）

第四部分 结论

透露，同一项研究的另一项观察结果表明，"那些正在寻求指导的人，反而最不需要指导"。最后，"领导力职业指导项目"的成功与否，往往都取决于学员的准备程度。

从组织角度来看，企业必须做出重大转变，在设计领导力培养项目时，要考虑真正将组织目标与个人的领导力价值观衔接起来。实施此种解决方案对企业也是有要求的，即企业需通过特定角色的各类资源和信息，重点培养包容性的领导力。

企业在组织"领导力职业指导项目"时必须深思熟虑，同时也要注意在人员召集或提供指导支持过程中产生的无意识偏见。此外，通过为学员提供结构化的培训，以便更充分地利用"师生"关系带来的优势，是加强"领导力职业指导项目"有效性的不二法门。

这项调查并不是为了给企业提供一项灵丹妙药式的解决方案。然而，其结果实实在在地表明，企业确实有机会可以通过更加组织化和结构化的方式，来强化"领导力职业指导项目"。就"如何将组织目标与个人领导价值观和个人目标相结合"这一问题，一个强有力的"领导力职业指导项目"很可能会为企业提供一些思路，进而培养出更有格局、更富动力的领导者。

至此，请允许我借用一些企业的使命宣言作为本章的结语，因为它们似乎都反映出了一个共同的事实，即"人"对企业的成功起着至关重要的作用，而企业如何将这些使命转化为实践，则是颇具挑战性的任务。

微软公司的使命是："予力全球每一人、每一组织，成就不凡。"

万豪国际集团的使命是："善待你的员工，他们便会善待你的客人，客人便会再次光临。"

强生公司的企业使命是："激励每个人，并结合全球所有志同道合之人的努力，加入强生公司，用发展带动世界。"

高盛集团的企业使命是："我们最优秀的员工潜力无限，能担当的职责也没有定式。"

如果您还没有参与调查，请点击下面的链接，只需耽误您五分钟时间，帮助我们完善领导力调查问卷：https://www.onbecomingaleader.net/survey。

启示

有抱负的领导者不应该仅依靠自身所在的组织来培养自己的领导力。每个人都有自己独特的成长历程，所以他们必须掌握主动权。与此同时，调查结果表明，企业需要更好地将组织目标与真正的员工激励因素结合起来。

领导力练习

找出公司中限制你领导力发展的最大障碍。先对提高领导力水平的最有效方法进行评估，再根据评估结果制订一个为期六个月的实践计划。

第十九章

领导力的意义因人而异

第四部分 结论

> 如果你的行为鼓舞别人梦想更多、学习更多、行动更多及改变更多,你就是一位领导者。
>
> ——约翰·昆西·亚当斯(John Quincy Adams)

如果你参观过位于加州南部的约书亚树国家公园(Joshua Tree National Park),你很可能会对一株株罕见、神秘且外形别致的约书亚树感到万分惊奇。这种树在生命的最初几十年里,只有一根垂直生长的主干,没有任何的分支,直到第一次开花。待花朵凋谢后,新叶便会在干枯部位的下端长出,新的枝条也会由此发育,开始向各处伸展。每根分枝在开花后也会随即停止生长,然后再从四周长出新的分支。多年之后,整株约书亚树便成了一个枝干虬曲苍劲、延伸至四面八方的复杂生命体。不仅如此,由于独特的生长方式导致约书亚树"头重脚轻",再加上常年扎根于贫瘠的沙漠环境中,它们经常会被大风吹得东倒西歪。

约书亚树虽然有着独特的生长模式,但它们能够同自然之力(重力和风)抗衡,二者之间的角力与平衡,则是造就每棵树外形清奇却又不失美感的秘密所在。我们个人的领导力发展,也同样遵循着非常相似的成长历程，它既神秘又经常性地难以捉摸，也是我们自身适应力的产物。正是每个人与众不同的奋斗历程，使每个人都成了独一无二的存在，使我们的生活变得多姿多彩。

我希望这本书以及每一章末尾的领导力练习，能让诸位有所收获，帮助大家找到各自独特的成长模式，并在各自的领导力培养历程中一路坚持下去。大家可以根据自身的情况或需求，用不同的方式将书中提及的概念化为己用。看完本书后，相信各位有能力，且也会自行做出适当的领导性决策。关于领导力方面的问题，诸位得出的答案，也必定会比我更加深刻。另外，大家必须在眼花缭乱的现实世界中，明确好自己的领导价值观。

通过这一过程，你会找到点燃内心火花的方法，并孕育出自身的毅力和目标之源。例如，如果你觉得需要把更多精力放在理解他人，而非一味地固执己见，就可以在参加任一集体活动前，事先定好个人发言的时间与提问和倾听他人的时间的比例。如果你感觉自己经常害怕做出两难的决定，不妨试想一下犹豫不决的代价。总是有一个 B 计划当然是不错的，但是愿意做出决定和承诺才是真英雄。阿诺德·施瓦辛格（Arnold Schwarzenegger）曾说过："你放进 B 计划中的每一个想法，其实都浪费了你花在 A 计划上的时间和精力。"

研究伟大领袖的事迹，可以为我们打开一扇通往更广阔世界的门，可以拓宽我们的视野，让我们去探寻新的奇迹之地。但是，我们不能指望仅通过模仿其他领袖人物的言行举止，就能取得丰硕的成就。我们不应该受限于预设的观念，因为它们会阻碍新发现的诞生,让我们与意外之喜失之交臂。

同样,你不应该仅仅依靠自己所在的组织来培养自身的领导力。这是你自己的旅程,所以你必须把领导力养成的主动权把握在自己手中。许多公司喜欢把"以人为本"列入企业使命和愿景口号中。然而,不管组织如何夸夸其谈,当这些口号经历实践检验时,却不会总是同预期的那般发挥效用。当涉及个人领导力发展时,面对"如何调整自身的个人领导力价值观,以便同组织的宗旨和目标保持一致"这一问题,你需要根据自身情况,做个性化处理。

随着你在领导者之路上的逐步成长,你的信念和适应力也会越来越强大,而你的个人价值观和组织价值观之间的一致性,可以激发你的激情、勇气、适应力和信念。正如人们常说:"如果热爱自己的工作,你工作的每一天都是为了生活,而不是活着就是为了工作。"

合格的领导者需要掌握成功所需的适当技能。在当今高度动态化且瞬息万变的商业环境中,我们期望每个人都能成为领导者,而其中的关键则是,不要想着:我身为领导已经掌握了所有的必要技能,而是要保持开放的心态以及乐于学习的意愿。

无论身在何处,无知总致厄,谦虚常纳福。思想开放的人会有更好的机会,通过正式或非正式的渠道获取并整合新信息,然后同自身经验相结合,构建出一套全新的心理框架,并能做出正确的决定。在某些时刻,完美的环境会触发一种顿悟,进而改变你的思维方式,促使你对领导力产生更清晰的领悟。一旦你在脑海中对领导力培养的契机形成了清晰的认知,就只需要更有意识地将其固化成一种习惯即可。

你每得到一份对领导力的深刻领悟,它就会成为一条强有力的、起决定作用的基本法则,为你提供新的视角来指引未来的决策。当今的世界日新月异,充满了各种不确定性,所以领导者需认识到,旧有的思维模式或已不再适用或有效,而为了跟上时代,我们需要在不断学习新事物的同时,舍弃部分习以为常的操作和认知。

找到自己独特的前进道路,把握自己的命运。既要设定宏伟远大的目标,也要享受这段旅途。多听他人意见,但决定要自己来做,因为哪些东西对你最合适,只有自己最清楚,而你行事的内在动机,也只有自己最为了解。

在领导力的养成过程中,我们可以学到很多东西,比如:如何更好地了解自己,如何有效领导以及如何根据未来的愿景做出决策等。不同的人有不同的学习路径。我从根本上坚信,每个人都有成为领导的潜力,但真正的挑战在于两方面:首先,企业需要为每个人提供合适的机会和环境,才能促使人们发展出富于个性化的领导风格。其次,对个人而言,我们需要为此付出相应的努力。

一言以蔽之,正如美国传奇橄榄球教练文斯·隆巴迪(Vince Lombardi)多年前说过的一句话:"领导者不是天生的,而是后天养成的,和其他任何事物一样,都是通过辛勤付出得来的。"

参考文献

前言

Andrews, Margaret. 2016. "Teaching Leadership for Change in BusinessSchool." University Worlds News. May 27.https://www.universityworldnews.com/post.php?story=20160524205146492.

Gurdjian, Pierre, Thomas Halbeisen, and Kevin Lane. 2014. "Why Leadership-Development Programs Fail." McKinsey Quarterly.https://www.mckinsey.com/featured-insights/leadership/why-leadership-development-programs-fail.

Kamkwamba, William and Bryan Mealer. 2010. The Boy Who Harnessedthe Wind: Creating Currents of Electricity and Hope (illustratededition). New York: HarperCollins Publishers.

Moving Windmills Project. 2022. "Moving Windmills Project, InspiringAfrican Innovation." Moving Windmills.https://movingwindmills.org

Sinek, Simon. 2011. Start with Why: How Great Leaders Inspire Everyoneto Take Action. New York, NY: Portfolio/Penguin.

Training Industry. 2022. "The Leadership Training Market," https://trainingindustry.com/wiki/leadership/the-leadership-training-market.

第一章

Bogage, Jacob and Christian Davenport. 2022. "SpaceX Fires Workers Who Criticized Elon Musk in Open Letter." Washington Post. June 7.https://www.washingtonpost.com/business/2022/06/17/spacex-workers-fired-elon-musk.

Christensen, Clayton, James Allworth, and Karen Dillon. 2012. How Will You Measure Your Life? New York, NY: Harper Business.

Cook, Tim. 2017. "MIT Grads: How Will You Serve Humanity?" MIT News On Campus and Around The World. June 9.https://news.mit.edu/2017/commencement-day-0609.

Cook, Tim. 2019. "Commencement Address by Apple CEO Tim Cook ." Stanford News, June 16.https://news.stanford.edu/2019/06/16/remarks-tim-cook-2019-stanford-commencement.

Hagerty, James. 2020. "Harvard Professor Clayton M. Christensen Turned His Life Into a Case Study." Wall Street Journal, January 24. https://www.wsj.com/articles/harvard-professor-clayton-m-christensen-turned-his-life-into-a-case-study-11579909615.

第二章

Wu, Yuwen. 2017. "China's Class of 1977: I Took an Exam

That Changed China." BBC News, December 14. https://www.bbc.com/news/world-asia-china-42135342.

Li, Peng. 2022. 1977年邓小平决策恢复高考始末. Sina News. May 24. http://news.sina.com.cn/c/nd/2017-05-24/doc-ifyfqqyh8183000.shtml

Thompson, Marcus. 2022. "Steph Curry's Leadership Put to the Ultimate Test After Draymond Green Incident: Thompson." The Athletic, October 7, 2022. https://theathletic.com/3666894/2022/10/07/stephen-curry-draymond-green-leadership.

第三章

Eurich, Tasha. 2018. "What Self-Awareness Really Is（and How to Cultivate It）." Harvard Business Review, January 4. https://hbr.org/2018/01/what-self-awareness-really-is-and-howtocultivate-it.

Hurley, Michael. 2020. "Rob Manfred's Ruling on Astros' Cheating Scheme Had One Insane Conclusion." CBS News, January 14. https://www.cbsnews.com/boston/news/rob-manfred-ruling-astroscheating-scheme-one-insane-conclusion.

Kobe Tong, Kobe. 2022. "Best Football Fair Play? Denmark Player Deliberately Missed a Penalty in 2003." GiveMeSport, September 28. https://www.givemesport.com/88065220-best-football-fair-play-denmark-player-deliberately-missed-a-penaltyin-2003.

Trompenaars, Fons. 1998. Riding the Waves of Culture: Understanding Cultural Diversity in Business. New York, NY: McGraw-Hill.

第四章

UF Herbert Wertheim College of Engineering, 2012. "Leadership Interview-William Cirioli - B.S. CHE '80." Apr 13, 2012. https://www.youtube.com/watch?v=bfbHIC-EI2w.

第五章

Garvey, Marianne. 2022. "'Wonder Years' Star Danica McKellar Explains Why She Became a Mathematician and Stopped Acting." CNN Entertainment, August 18, 2022. https://www.cnn.com/2022/08/18/entertainment/danica-mckellar-mathematician/index.htm.

NBC Sports. 2019. "Matthew Emmons, Olympic Champion Shooter, Retires With Three Medals." NBC Sports, September 11. https://olympics.nbcsports.com/2019/09/11/matt-emmons-retiresshooting.

Sheffield, Rob. 2016. "100 Greatest TV Shows of All Time." Rolling Stone, September 21. https://www.rollingstone.com/tv-movies/tv-movie-lists/100-greatesttv-shows-of-all-time-105998.

第六章

Dow, Jameon. 2021. "VW CEO Herbert Diess Invites Elon Musk to Talk on How Tesla Innovates Quickly." Electrek, October 16. https://electrek.co/2021/10/16/vw-ceo-herbert-diess-invites-elonmusk- to-talk-on-how-tesla-innovates-quickly.

Jordan, John. 2003. "Kennedy's Romantic Moon and Its Rhetorical Legacy for Space Exploration." Rhetoric & Public Affairs 6, no. 2: 209–231.

Than, Griesham. 2021. "An Ingenious Way to Run Faster." BBC News REEL, August 4. https://www.bbc.com/reel/playlist/the-science-of-fitness?vpid- =p09r61yn.

World Economic Forum. 2020. "The Global Risks Report 2020." 15th Edition. https://www3.weforum.org/docs/WEF_Global_Risk_Report_2020.pdf.

Zetlin, Minda. 2022. "In Just 3 Words, Google CEO Sundar Pichai Taught a Leadership Lesson to Every CEO." Inc., July 15. https://www.inc.com/minda-zetlin/google-ceo-sundar-pichai-memo-hiring-slowdown-inspiration.html.

第七章

De Geus, Arie. 2002. The Living Company: Habits for Survival in a Turbulent Business Environment. Boston, MA: Harvard Business School Press.

Edwards, Chris. 2020. "Kongo Gumi, Established in 578AD, Is the Oldest, Continually Operating Company in the World." https://authorchrisedwards.com/2020/02/27/oldest-companies.

Grove, Andrew. 1999. Only the Paranoid Survive: How to Exploit the Crisis Points That Challenge Every Company. New York, NY: Currency.

Handscomb, Christopher and Shail Thaker, 2018, "Activate Agility: The Five Avenues to Success." McKinsey Report, February 1. https://www.mckinsey.com/capabilities/people-and-organizational-performance/our-insights/the-organization-blog/activate-agilityget-these-five-things-right.

Hillenbrand, Philipp, Dieter Kiewell, Rory Miller-Cheevers, Ivan Ostojic, and Gisa Springer. 2019. "Traditional Company, New Business: The Paring That Can Ensure an Incumbent's Survival." McKinsey Report. https://www.mckinsey.com/industries/oil-and-gas/our-insights/ traditional-company-new-businesses-the-pairing-that-can-ensure-an-incumbents-survival.

Hutchinson, Martin. 2020. "How Jack Welch Destroyed Sloan's Century." Global Policy Institute, March 12. https://globalpi.org/research/how-jack-welch-destroyed-sloans-century.

Johns Hopkins Applied Physics Laboratory. 2022. "Critical Contributions to Critical Challenges." Accessed on September 22, 2022. https://www.jhuapl.edu.

Leger, Justin. 2022. "KG's influence remains strong in Celtics locker room." NBC Sports, April 13. https://www.nbcsports.com/boston/celtics/kevin-garnetts-influenceremains-strong-celtics-locker-room.

Stewart, Jim. 2017. "Did the Jack Welch Model Sow Seeds of G.E.'s Decline?" New York Times, June 15. https://www.nytimes.com/2017/06/15/business/ge-jack-welch-immelt.html.

Sydell, Laura. 2012. "Intel Legends Moore and Grove: Making It Last." NPR Morning Edition, April 6. https://www.npr.org/2012/04/06/150057676/intel-legends-moore-andgrove-making-it-last.

Takubo, Yoshihiko. 2022. "Japanese Values & Longevity: The Oldest Companies in the World." GLOBIS Insights, August 16. https://globisinsights.com/purpose/values/japanese-valuesdrive-oldest-companies-in-the-world.

第八章

Bryar, Colin and Bill Carr. 2021. Working Backwards: Insights, Stories, and Secrets from Inside Amazon. New York, NY: St. Martin's Press.

Dean, Sam. 2021. "The Real Story Behind a Tech Founder's 'Tweetstorm That Saves Christmas." Los Angeles Times, October 28. https://www.latimes.com/business/technology/story/2021-10-28/thereal-story-behind-a-tech-founders-tweetstorm-that-saved-christmas.

Kimmelman, Michael. 2022. "How Houston Is Fixing

Homelessness." New York Times. June 14. https://www.nytimes.com/interactive/2022/06/16/headway/houston-homeless.html.

McChrystal, Stanley, Tantum Collins, David Silverman, and Chris Fussell. 2015. Team of Teams: New Rules of Engagement for a Complex World. New York, NY: Portfolio/Penguin.

Nason, Rick. 2017. It's Not Complicated: The Art and Science of Complexity in Business. Toronto, Canada: University of Toronto Press.

Rosling, Hans, Anna Rosling Rönnlund, and Ola Rosling. 2020. Factfulness: Ten Reasons We're Wrong About the World—and Why Things Are Better Than You Think. New York, NY: Flatiron Books.

Tedlow, Richard. 2006. Andy Grove: The Life and Times of An American. New York, NY: Portfolio/Penguin.

第九章

McCracken, Harry. 2017. "How the Dumpling Democratized Emoji." Fast Company. August 10. https://www.fastcompany.com/90136118/how-the-dumpling-democratized-emoji.

第十章

Belluck, Pam. 2015. "Chilly at Work? Office Formula Was Design for Men." New York Times. August 3. https://www.nytimes.com/2015/08/04/science/chilly-at-work-adecades- old-formula-maybe-to-blame.html.

Cha, Ariana Eunjung. 2015. "Your Office Thermostat Is Set for Men's Comfort. Here Is the Scientific Proof." Washington Post. August 3. https://www.washingtonpost.com/news/to-your-health/wp/2015/08/03/your-office-thermostat-is-set-for-mens-comfort-heresthe-scientific-proof.

Davis, Leslie and Richard Fry, 2019. "College Faculty Have Become More Racially and Ethnically Diverse, but Remain Far Less So Than Students." Pew Research Center. July 31. https://www.pewresearch.org/fact-tank/2019/07/31/us-college-faculty- student-diversity.

Hunt, Dame Vivial, Dennis Layton, and Sra Prince, 2015. "Why Diversity Matters." McKinsey Report, January 1. https://www.mckinsey.com/capabilities/people-and-organizational- performance/our-insights/why-diversity-matters.

Kingma, Boris and Wouter van Marken Lichtenbelt, 2015. "Energy Consumption in Buildings and Female Thermal Demand." Nature Climate Change 5, 1054–1056. https://www.nature.com/articles/nclimate2741.

Seltzer, Rick. 2017. "The Slowly Diversifying Presidency." Inside Higher ED, June 20. https://www.insidehighered.com/news/2017/06/20/college-presidentsdiversifying-slowly-and-growing-older-study-finds.

Caulkin, Simon. 2022. "Will Women Leaders Change the

Future of Management?" Financial Times, April 2. https://www.ft.com/content/6bf98d62-0ff4-4f19-a37d-e53f40abf6f2.

第十一章

Packard, Grant and Jonah Berger. 2021. "How Concrete Language Shapes Customer Satisfaction." Journal of Consumer Research 47. No. 5. 787-806.

Mehrabian, Albert. 1971. Silent Messages (1st ed.). Belmont, CA: Wadsworth Publishing Company. Moore, Alex. 2016. "7 Tips for Getting More Responses to Your Emails." Boomerang, February 12. https://blog.boomerangapp.com/2016/02/7-tips-for-getting-more-responses- to-your-emails-with-data.

Moore, Alex. 2016. "7 Tips for Getting More Responses to Your Emails." Boomerang, February 12. https://blog.boomerangapp.com/2016/02/7-tips-for-getting-more-responses-to-your-emails-with-data.

Ring, Susannah. 2017. "The Confusing Way Mexicans Tell Time." BBC Travel, July 26. https://www.bbc.com/travel/article/20170725-the-confusing- way-mexicans-tell-time.

第十二章

Bean IV, Delcie. 2019. "A Small Tech Company Tried It All to Stop Employee Turnover." CNBC Report. December 3. https://www.cnbc.com/2019/12/03/a-tech-firm-tried-it-all-to-stopturnoveronly-one-thing-worked.html.

Kantor, Julie. 2017. "MentoringUP: Millennials Reverse Mentor at Pershing." HuffPost, July 6. https://www.huffpost.com/entry/mentoringup-millennials-reversementor- at-pershing_b_59518180e4b0f078efd98420.

Meyers, Nancy. 2015. "THE INTERN," Movie Produced by Nancy Meyers.

Neff, Thomas and James Citrin. 2005. You Are in Charge—Now What. New York, NY: Three River Press.

第十三章

Epstein, David. 2019. Range: Why Generalists Triumph in a Specialized World. New York, NY: Riverhead Books.

Handscomb, Christopher and Shail Thaker, 2018, "Activate Agility: The Five Avenues to Success." McKinsey Report, February 1.

Hillenbrand, Philipp, Dieter Kiewell, Rory Miller-Cheevers, Ivan Ostojic, and Gisa Springer. 2019. "Traditional Company, New Business: The Paring That Can Ensure an Incumbent's Survival." McKinsey Report. https://www.mckinsey.com/industries/oil-and-gas/our-insights/ traditional-company-new-businesses-the-pairing-that-can-ensure- an-incumbents-survival.

Hylton, Sara. 2021. "Veterans in the Labor Force: 6 Stats." US Department of Labor Blog, November 9. https://blog.dol.gov/2021/11/9/veterans-in-the-labor-force-6-stats.

第十四章

Breslin, Beau. 2021. A Constitution for The Living: Imaging How Five Generations of Americans Would Rewrite the Nations Fundamental Law. Stanford, CA: Stanford University Press.

Boutetiere, Hortense de la, Alberto Montagner, and Angelika Reich. 2018. "Unlocking Success in Digital Transformations." McKinsey Report. October 29. https://www.mckinsey.com/capabilities/people-and-organizational- performance/our-insights/unlocking-success-in-digital-transformations.

Bucy, Michael, Adrian Finlayson, Greg Kelly, and Chris Moye. 2016. "The 'How' of Transformation." McKinsey Report, May 9. https://www.mckinsey.com/industries/retail/our-insights/ the-how-of-transformation.

Condon, Mark. 2022. "We Asked 1000 Photographers What Camera They Use in 2022." Shotkit. October 2. https://shotkit.com/camera-survey.

Dannemiller, K. D., and R. W. Jacobs. 1992. "Changing the Way Organizations Change: A Revolution of Common Sense." The Journal of Applied Behavioral Science 28, no. 4, 480–498.

Dow, Jameon. 2021. "VW CEO Herbert Diess Invites Elon Musk to Talk on How Tesla Innovates Quickly." Electrek, October 16. https://electrek.co/2021/10/16/vw-ceo-herbert-diess-invites-elonmusk-to-talk-on-how-tesla-innovates-quickly.

Morris, Stephen. 2009. "Domino Chain Reaction (Geometric growth in action)," October 4. https://www.youtube.com/watch?v=y97rBdSYbkg.

第十五章

Arbulu, Roberto, Gary Fisher, and Jack Hartung. 2021. "Stage Gate - What Are the Implications?" Project Production Institute. https://projectproduction.org/journal/stage-gate-what-are-the-implications.

Citrin, James and Richard Smith. 2005. The 5 Patterns of Extraordinary Careers: The Guide for Achieving Success and Satisfaction. New York, NY: Crown Business.

Cooper, Robert. 1993. Winning at New Products: Accelerating the Process from Idea to Launch. Reading, MA: Perseus Books Publishing.

Nieto-Rodriguez, Antonio. 2021. "The Project Economy Has Arrived." Harvard Business Review, December. https://hbr.org/2021/11/the-project-economy-has-arrived.

Rapid Results Institute, 2022. "The Path to Change: 100-Day Challenges in Zacatecas' Criminal Justice System." https://www.rapidresults.org/blog/2021/3/4/tptc-zacatecas.

第十六章

Daxue consulting, 2022. "The Future of Nike in China After

Shutting Down Its Nike Run Club App in 2022." July 20. https://daxueconsulting.com/nike-in-china.

Delgado, Patricia. 2021. "Recruitment and Retention of Professional Hispanic Millennials: A Participatory Program Series for Organizational Leaders." PhD Dissertation. The University of Arizona.

Trompenaars, Fons. 1998. Riding the Waves of Culture: Understanding Cultural Diversity in Business. New York, NY: McGraw-Hill.

John, Leslie. 2021. "Savvy Self-Promotion." Harvard Business Review, May-June. https://hbr.org/2021/05/savvy-self-promotion.

Nike, 2021. "NIKE CEO John Donahoe on Q1 2022 Results - Earnings

Call Transcript." Seeking Alpha. September 23. https://seekingalpha.com/article/4456830-nike-inc-s-nke-ceo-johndonahoe-on-q1-2022-results-earnings-call-transcript.

Robson, David. 2017. "How East and West Think in Profoundly Different Ways." BBC report. January 19. https://www.bbc.com/future/article/20170118-how-east-and-westthink-in-profoundly-different-ways.

Zhang, Longmei, Ray Brooks, Ding Ding, Haiyan Ding, Hui He, Jing Lu, and Rui C. Mano, 2018. "China's High Savings: Drivers, Prospects, and Policies." International Monetary Fund, WP/18/277. https://www.imf.org/en/Publications/WP/

Issues/2018/12/11/Chinas-High-Savings-Drivers-Prospects-and-Policies-46437.

第十七章

Diamond, Jared. 2012. The World Until Yesterday, What Can We Learn from Traditional Societies? New York, NY: Penguin Books.

FAIL! Inspiring Resilience. 2019. "Amy Edondson: Failure's Mixed Bag." December 5. https://www.youtube.com/watch?v=VH9Y3-lCigM.

Goss, Nick. 2022. "Celtics' Ime Udoka Reveals Three Teams That Passed on Him for Head Coach Jobs." NBC Sports. May 31.https://www.nbcsports.com/boston/celtics/celtics-ime-udoka-reveals-three-teams-passed-him-head-coach-jobs.

Hirotsu, Dennis. 2021. "Unleashing API Leadership Potential." Internal Presentation at ExxonMobil ACE Meeting.

McLaughlin, Eliott. 2015. "92-Year-Old Becomes Oldest Woman to Complete Marathon." CNN News, June 2. https://www.cnn.com/2015/06/01/us/san-diego-marathon-oldest-woman-finishes.

第十八章

Beheshti, Naz. 2019. "10 Timely Statistics About the Connection Between Employee Engagement and Wellness." Forbes.

Jan 16. https://www.forbes.com/sites/nazbeheshti/2019/01/16/10-timely-statistics-about-the-connection-between-employee-engagement- and-wellness/?sh=5a9b2f2c22a0.

Sandvik, Jason, Richard Saouma, Nathan Seegert, and Christopher T. Stanton. 2022. "Why Your Mentoring Program Should Be Mandatory." Harvard Business Review. September-October. https://hbr.org/2022/09/why-your-mentoring-program-should-be-mandatory.

Zhao, Xinjin. 2022. Leadership Survey. https://www.onbecomingaleader. net/survey.

英文版致谢

"于我而言,写作是一种高级而缓慢的阅读方式。如果你非常想读某本书,但还没有人写,那么你必须得把它写出来。"这是诺贝尔奖获得者托尼·莫里森(Toni Morrison)对写书的看法。

此话诚不欺我。多年来,我读过了很多关于领导力的书籍,其中有许多引起了我的反思,也教会了我如何去选择领导的方式,但没有一本书能真正对领导力作出清晰的解释,这个问题困扰了我很久。究其原因,或许是我的阅读方式不对,而非这些书的写作方式有问题。

有了些许鼓励,再加上一点点的盲目自信,我决心要写这本书,也算是对自己在领导力真正内涵方面的持续探索的一个总结,但这个决定的分量,比我预期的要更大更重。与此同时,这也是一段旅程,虽然经历了种种"苦其心志"和"劳其筋骨"之事,过程中的收获也比我预想的要多。

一开始,我以为写书更像是一种内省,所以我打算把自己关在办公室几个月,一段段、一页页、一章章地写,直到初稿完成。为了这个目标,我已经做好了"孤军奋战"一段时间的心理准备。领导力其实是一个被广泛研究的课题，而我想知道的是，我到底能提供多少新颖的见解，既能吸引诸多有格局的领导者的兴趣，又能体现一定的价值。

"永远不要独自写作。"这是埃里克·凯斯特（Eric Koester）教授在"创造者计划"（Creator Program）上说过的一句话，但当时我并没有真正理解。然而事实证明，他是完全正确的。写一本书是一件需要众志成城、齐心协力完成的事情，而不是要求作者全盘了解某个主题的方方面面，很显然我并不明白这个道理。

写书有时确实是内省的，它促使我对自己领导生涯中的一次次胜利和挣扎进行了深刻反思。但是，正是因为这本书，让我有幸能与这么多优秀的、有格局的领导者建立了联系，并为"领导力"这个被深入研究过的课题带来了新的亮点，这也是许多人在整个职业生涯中苦苦追寻的东西。

随着写作过程的推进，我逐渐意识到，写一本书不能仅局限于我自己或个人的知识范围，而可以提供我从研究和阅读中得到的收获。更重要的是，它还可以容纳我与众多领导者的对话后得出的启示。正因为他们的慷慨，我才能通过采访，收集到他们在领导力方面的独到见解。

此外，我很荣幸能与来自世界各地、每周都在关注我领导力博客的27万名网友[①]保持着联系。我们彼此之间的互动，经常为我的诸多写作主题提供独特的灵感来源。我还要对参与了领导力调查的560名受调人报以诚挚的感谢，因为这是我专门

[①] 现有29万的领英博客订阅者。

英文版致谢

为了这本书而发起的调查。调查结果在很多方面都证实了我在领导力发展上的一些假设,同时也额外提供了一些超出我既定假设范围的新视角。

最重要的是,我写这本书的真正目标在于,希望读者能将书中的内容化为己用,并应用于实践,从而在各自的领导者养成之旅中,对自身的领导力价值观和目标产生更深的领悟。

虽然书中大多数的概念和思维架构不一定是最新的,但佐以鄙人或者其他诸多领导者的人生经历,本书中的观点与现实更具相关性,也更具说服力。此外,领导力似乎是一个不断变化的概念,这也为我们提供了持续探究的机会。

写这本书让我受益匪浅,因为它进一步发掘了自我,帮助我进一步审视哪些是我真正需要重视的东西。这是一种了解自身价值观和动机的有力方式。我衷心希望本书能成为大家在领导力探索之旅中的一盏明灯。

正因为有了许多人的付出,本书才得以成功地付梓出版。我要感谢以下各位,没有诸位的大力支持,本书也不可能成功面世。

首先,我要感谢所有欣然接受采访的企业领导,感谢他们分享了各自的领导力见解。其中的每一位,都有着独特的视角和观点,同诸位的对话也极大丰富了我从不同角度对领导力的理解和领会。这些学习收获最终又会让广大读者受益。在此我谨代表所有读者,感谢以下诸位:克洛蒂尔德·博罗尔德(Clotilde Bouaoud)、珍妮·伯恩(Jennie Byrne)、马里索尔·科普兰(Marisol Capellan)、菲利普·迪林(Philip

Dearing)、帕特里夏·德尔加多（Patricia Delgado）、格雷斯·龚（Grace Gong）、菲利普·哈恩（Phillip Hah）、罗斯·霍尔（Rose Hall）、凯斯·哈茨菲尔德（Keith Hartsfield）、阿纳尼娅·简（Ananya Jain）、加里·卡普兰（Gary Kaplan）、陆怡颖（Yiying Lu）、蒂姆·林奇（Tim Lynch）、斯科特·麦克泰尔（Scott McEntyre）、大卫·奥利文萨（David Olivencia）、迪普提·帕瓦（Deepti Pahwa）、杰森·配登特（Jason Patent）、马特·波普赛尔（Matt Poepsel）、莫萨·拉希米（Mosa Rahimi）、里卡多·罗塞洛（Ricardo Ressello）、劳伦斯·史密斯（Laurence Smith）、杰里米·苏亚德（Jeremy Suard）、伊利亚·塔巴克（Ilya Tabakh）、史蒂芬·唐（Stephen Tang）。

在此我想特别提一下罗斯·霍尔女士，不仅要感谢她提供了本书第三章中关于自我认知方面的领导力见解，更要感谢她一直以来都是本书的忠实支持者。另外，我要感谢凯斯·哈茨菲尔德先生向我分享了他在中国工作期间的个人领导经验，还要感谢里卡多·罗塞洛先生，他以一种非常开放和深刻的方式，分享了他担任波多黎各州长期间的领导经验。

其次，感谢来自创造者学院（Creator Institute）和新角度出版社（New Degree Press）的团队成员，他们同样给予了我极大的支持。没有他们的帮助，没有他们在必要的时候督促我兑现自己的承诺，我永远都不可能如约完成这本书。我还要感谢最初说服我开始写作的埃里克·凯斯特（Eric Koester）教授，以及为本书的出版而付出心血的诸多幕后人士，限于篇幅虽然不能悉数列举，但仍要衷心感谢以下诸位的鼓励和支持：审稿编辑阿曼达·布朗（Amanda Brown）；社区支持主任凯拉·安·道金斯（Kera Ann Dawkins）；版面编辑弗拉基米尔·杜达（Vladimir Dudaš）；修订编辑格兰特·吉泽克（Grant Gieseke）；创造者学院（Creator Institute）创始人埃里克·凯斯特；开发编辑扎克·马库姆（Zach Marcum）；市场顾问雅克·穆尔曼（Jacques Moolman）和谢尔曼·莫里森（Sherman Morrison）；组稿编辑丽莎·帕特森（Lisa Patterson）；封面设计格奥尔基·佩科夫斯基（Gjorgji Pejkovski）；审稿编辑利亚·皮科特（Leah Pickett）；策划顾问约翰·桑德斯（John Saunders）；结构编辑玛丽·安·塔特（Mary Ann Tate）；审稿编辑克莉斯多·温特斯（Crystal Winters）。

在此要特别感谢约翰·桑德斯先生，他在领导力调查开展早期提出的一系列建议，促使这项调查成了本书的重要内容。

另外，我要感谢下列参与本书试读的读者，他们为鄙人的初稿提供了非常宝贵的意见，诸位的反馈极大提升了本书的质量。虽然此次只是采纳了部分建议，但我一定会在以后的版本中，再次慎重考虑诸位提出的所有意见。他们分别是弗朗西斯科·玛利亚·贝内德蒂（Francesco Maria Benedetti）、罗斯·霍尔（Rose Hall）、马克斯·海因里茨·艾德里安（Max Heinritz-Adrian）、西尔维·加利尔·霍华德（Sylvie Gallier Howard）、李楠（Nan Li）、蒂姆·林奇（Tim Lunch）、中泽里香（Rika Nakazawa）、索诺·索维尼（Sonal Soveni）、肖峰（Feng Xiao）。

感谢以下所有在本书预售活动期间支持我的读者朋友，诸位的预购使得整个出版项目成了可能，让本书在修订、文字编辑、封面设计、排版和初期印刷阶段,就得到了充足的资金支持。我当然希望各位不仅能喜欢上这本书,而且还能把其中的一些见解转化成自身的领导行为。因为你们是读到这本书的第一批人,所以就本书的吸引人之处,我很想听到诸位的直接反馈,以便日后再版时能作出改进:阿鲁南比·阿拉吉里萨米(Arunnambi Alagirisamy)、沙希德·阿拉姆(Shahid Alam)、穆罕默德·阿尔萨比(Mohammed Alsabih)、艾琳·阿姆斯(Erin Arms)、大卫·亚拉佩杨(David Ayrapetyan)、弗朗西斯科·玛利亚·贝内德蒂(Francesco Maria Benedetti)、纳泽尔·博尔(Nazeer Bhore)、斯韦特兰娜·柏文思(Svetlana Bouwens)、丹恩·布雷迪(Dan Brady)、理查德·布伦(Richard Bren)、迈克尔·布里奇(Michael Brisch)、塔尼娅·布莱恩(Tanya Bryja)、埃里克·邦内尔(Eric Bunnelle)、纳特松·C.(Natthorn C.)、马里索尔·科普兰(Marisol Capellan)、卡罗尔·M.卡里翁(Carole M. Carrion)、布里吉特·森特纳里(Bridget Centenera)、常威宁(Weining Chang)、贝努瓦·德斯·利涅里(Benoit des Ligneris)、丽昂妮·德特里克(Lianne Detrick)、鲁米亚娜·迪莫娃(Rumyana Dimova)、董燕妮(Yanni Dong)、弗雷德·多蒂(Fred Doty)、雪莉·埃尔莫尔(Sherry Ellmore)、南希·冯(Nancy Feng)、瑟吉欧·费尔南德斯(Sergio Fernandes)、安东尼·方(Anthony Fung)、西尔维·加里雷·霍华德、德文·加里(Devin Gary)、弗兰科·金泰尔(Franco Gentile)、马尔科姆·古德温(Malcolm Goodwin)、西里帕德·戈帕拉(Sripad Gopala)、罗斯·霍尔(Rose Hall)、

英文版致谢

珍妮·哈帕斯（Jenny Happas）、马克斯·海因里茨·艾德里安（Max Heinritz-Adrian）、何新怡（Sun Yee Ho）、詹姆斯·赫金斯（James Huggins）、霍佳捷（Jiajie Huo）、阿姆里特·贾兰（Amrit Jalan）、莎朗·詹姆斯（Sharon James）、安吉拉·琼斯（Angela Jones）、恰克·琼斯（Chuck Jones）、凯瑟琳·卡拉玛（Katherine Kalama）、哈里沙·凯斯瓦尼（Haresh Keswani）、金相元（Sang-Won Kim）、埃里克·凯斯特（Eric Koester）、鲍里斯拉瓦·科斯托娃（Borislava Kostova）、玛丽亚娜·莱缇拉（Marjaana Laitila）、罗西特·拉尔（Rohit Lall）、陈筠（Daisy Le）、廖亦梅（I-Mei Liao）、胡安·利泽玛（Juan Lizama）、陆波（Bo Lu）、艾米·马奥尼（Amy Mahoney）、奥兰多·马雷罗（Olando Marrero）、马克·麦考特（Mark McCourt）、西默斯·麦基格（Seamus McKeague）、苗少军（Shaojun Miao）、马尼卡巴布·木图（Manickababu Muthu）、加里·纳科（Gary Nako）、卡西·纳舍里（Cash Nashery）、奥卢·奥莱耶（Olu Olaoye）、乔安妮·黄（Joanne Ooi）、乔纳森·佩尔蒂埃（Jonathan Pelletier）、英德拉·帕玛纳（Indra Permana）、拉玛·佩鲁博特拉（Rama Perubotla）、迈克尔·波米亚内克（Michael Pomianek）、钱惠锋（Huifeng Qian）、贾耶基兰·雷贝利（Jayakiran Rebelli）、鲍勃·莱利（Bob Riley）、山姆·柳（Sam Ryu）、珍妮·西格雷夫斯（Jenny Seagraves）、拉兹洛·赛斯利（Laszlo Seress）、波丽娜·希什金娜（Polina Shishkina）、大卫·西布利（David Sibley）、科林·尼古拉斯（Colin Nicholas）、索诺·索维尼（Sonal Soveni）、萨曼莎·斯

特尔德(Samantha Straede)、约翰·斯图达德(John Studdard)、伊利亚·塔巴克(Ilya Tabakh)、史蒂芬·唐(Stephen Tang)、伊丽莎白·罗斯巴德·特塔赫(Elizabeth Rosebud Tetteh)、洛克·谢(Lok Tse)、尚塔尔·昂格尔(Chantal Unger)、威廉·凡·斯威林根(William Van Sweringen)、施瑞达尔·文卡特斯亚(Sridhara Venkateshaiah)、王洪伟(Hongwei Wang)、艾瑞卡·威尔伯恩·坎贝尔(Erika Wilburn Campbell)、里约·维纳迪(Rio Winardi)、里克·沃姆斯贝彻(Rick Wormsbecher)、爱莎·怀特(Aisha Wyatt)、夏涵(Han Xia)、肖峰、杨芸(Yun Yang)、格里高利·杨(Gregory Yeo)、易晓华(Xiaohua Yi)、吉桑·扎巴拉(Jison Zabala)、张蕾(Lei Zhang)、张烁(Shuo Zhang)、张云龙(Yunlong Zhang)、丹尼尔·赵(Daniel Zhao)、大卫·赵(David Zhao)、赵群(Qun Zhao)、周楠(Nan Zhou)。

我要特别感谢 Osmoses 公司的联合创始人弗朗西斯科·玛利亚·贝内德蒂、凯瑟琳·麦兹拉西·罗德里格斯(Katherine Mizrahi Rodriguez)和霍顿·拉伊(Holden Lai)对我此次领导力书籍出版项目的关注和支持,他们三位也为我提供了直接的经济支援。我还要感谢赵群(Qun Zhao)先生,他是沃顿商学院的毕业生,也是沃顿商学院上海校友会的副主席,本书在中国的预售活动也得到了他的积极支持。

最后,我要感谢我的妻子潞红对我不遗余力地鼓励。如果没有她的全力支持和理解,我不可能把本书的编写作为我的第一个退休计划。另外,我的两个儿子丹尼尔(Daniel)和大卫

（David），也要感谢他们直接或间接的全方位支持。他们一章一章地阅读我的手稿，并提出了宝贵的反馈意见，使本书的质量有了进一步提升。我当然希望他们能在试读过程中得到一些关于领导力的学习收获，对他们自己的人生旅程也会有所助益。

最后，再次感谢大家的阅读与支持！

中文版致谢

出版一本书并不是易事。感谢名单无论多长，都不可能完全详尽。

我这里要特别感谢几位有关领导力的资深学者或领导力的实践者对本书中文版的倾情推荐。毋庸置疑，他们的支持和推荐将会使更多的人对本书感兴趣，更重要的是会帮助更多的人提高领导力。

他们分别是：沃顿商学院领导力教授，领导力中心的主任迈克·尤西姆（Michael Useem）；长江商学院大型企业治理与创新管理实践教授，前中国石化公司董事长傅成玉；世界畅销书《灰犀牛》作者，全球思想领袖米歇尔·渥克（Michele Wucker）；清华大学经济管理学院教授，副院长李纪珍；Osmoses 公司联合创始人和首席执行官弗朗西斯科·玛利亚·贝内德蒂（Francesco Maria Benedetti）；使命咨询创始人，前麦肯锡全球领导力资深专家揣姝茵。

我非常荣幸中国石化联合会副秘书长庞光廉先生在百忙中抽出时间为本书写序。我和庞先生曾多次一起探讨跨国大型石油和化学企业在中国的发展。领导力的提升，特别在当今多变的世界中，是跨国公司或中国公司成功的一个重要的因素。

我也感谢中译出版社的于宇先生和薛宇女士的大力支持和辛勤付出。从初稿翻译、编辑，到设计等一系列流程，他们都及时与我沟通交流，使本书的出版得以顺利进行。另外，我也特别感谢本书中文版的翻译彭相珍女士，翻译很到位，用词恰当。

没有他们每一位的付出，我是做不到这些的。当你在读本书的时候，我也希望你能想到他们对本书的贡献。